기탄 급수한자

초등학생용

8급

빨리따기

(사)한국어문회 주관 한국한자능력검정회 시행

KB208270

전국적으로 초, 중, 고 학생들에게 급수한자 열풍이 대단합니다.

2005년도 대학 수학 능력 시험부터 제2외국어 영역에 한문 과목이 추가되고, 한자 공인 급수 자격증에 대한 각종 특전이 부여됨에 따라 한자 교육에 가속도가 붙고 있습니다. 이러한 교육 환경에서 초등학생의 한자 학습에 대한 열풍은 자연스럽게 한자능력검정시험에까지 이어지고 있습니다.

이에 (주)기탄교육은 초등학생 전용 급수한자 학습지《기탄급수한자 빨리따기》를 선보이게 되었습니다.《기탄급수한자 빨리따기》는 초등학생의 수준에 알맞게 구성 되어 더욱 쉽고 빠르게 원하는 급수를 취득할 수 있습니다. 이제 초등학생들의 한 자능력검정시험 준비는《기탄급수한자 빨리따기》로 시작하세요. 한자 학습의 목표 를 정해 주어 학습 성취도가 높고, 공부하는 재미를 동시에 느낄 수 있습니다.

《기탄급수한자 빨리따기》이런 점이 좋아요.

• 두꺼운 분량의 문제집이 아닌 각 급수별로 분권하여 학습 성취도가 높습니다.

• 출제 유형을 꼼꼼히 분석한 기출예상문제풀이로 시험 대비에 효과적입니다.

• 만화, 전래 동화, 수수께끼 등 다양한 학습법으로 지루하지 않게 공부합니다.

👉 한자능력검정시험이란?

● 사단법인 한국어문회에서 주관하고 한국한자능력검정회가 시행하는 한자 활용능력 시험을 말합니다. 1992년 12월 9일 1회 시험이 시행되었고, 2001년 1월 1일 이후로 국가 공인자격시험(특급~3급Ⅱ)으로 치러지고 있습니다.

👉 한자능력검정시험은 언제, 어떻게 치르나요?

● 한자능력검정시험은 공인급수(특급~3급Ⅱ)와 교육급수(4급~8급)로 나뉘어 실시합니다. 응시 자격은 연령, 성별, 학력 제한 없이 모든 급수에 응시할 수 있습니다. 기타 자세한 사항은 한국어문회 홈페이지(www.hanja.re.kr)를 참조하세요.

👉 한자능력검정시험의 급수는 어떻게 나누어지나요?

● 한자능력검정시험은 공인급수와 교육급수로 나누어져 있으며, 8급에서 특급까지 배정되어 있습니다.

한자능력검정시험 급수 배정

급수		읽기	쓰기	수준 및 특성
공인급수	특급	5,978	3,500	국한혼용 고전을 불편 없이 읽고, 연구할 수 있는 수준 고급
	특급Ⅱ	4,918	2,355	국한혼용 고전을 불편 없이 읽고, 연구할 수 있는 수준 중급
	1급	3,500	2,005	국한혼용 고전을 불편 없이 읽고, 연구할 수 있는 수준 초급
	2급	2,355	1,817	상용한자를 활용하는 것은 물론 인명지명용 기초한자 활용 단계
	3급	1,817	1,000	고급 상용한자 활용의 중급 단계
	3급Ⅱ	1,500	750	고급 상용한자 활용의 초급 단계
교육급수	4급	1,000	500	중급 상용한자 활용의 고급 단계
	4급Ⅱ	750	400	중급 상용한자 활용의 중급 단계
	5급	500	300	중급 상용한자 활용의 초급 단계
	5급Ⅱ	400	225	중급 상용한자 활용의 초급 단계
	6급	300	150	기초 상용한자 활용의 고급 단계
	6급Ⅱ	225	50	기초 상용한자 활용의 중급 단계
	7급	150	0	기초 상용한자 활용의 초급 단계
	7급Ⅱ	100	0	기초 상용한자 활용의 초급 단계
	8급	50	0	한자 학습 동기 부여를 위한 급수

한자능력검정시험에는 어떤 문제가 나오나요?

● 급수별로 자세한 내용은 다음과 같습니다.

한자능력검정시험 급수별 출제 기준

구분	공인급수						교육급수								
	특급	특급Ⅱ	1급	2급	3급	3급Ⅱ	4급	4급Ⅱ	5급	5급Ⅱ	6급	6급Ⅱ	7급	7급Ⅱ	8급
읽기배정한자	5,978	4,918	3,500	2,355	1,817	1,500	1,000	750	500	400	300	225	150	100	50
쓰기배정한자	3,500	2,355	2,005	1,817	1,000	750	500	400	300	225	150	50	0	0	0
독음	45	45	50	45	45	45	32	35	35	35	33	32	32	22	24
훈음	27	27	32	27	27	27	22	22	23	23	22	29	30	30	24
장단음	10	10	10	5	5	5	3	0	0	0	0	0	0	0	0
반의어	10	10	10	10	10	10	3	3	3	3	3	2	2	2	0
완성형	10	10	15	10	10	10	5	5	4	4	3	2	2	2	0
부수	10	10	10	5	5	5	3	3	0	0	0	0	0	0	0
동의어	10	10	10	5	5	5	3	3	3	3	2	0	0	0	0
동음이의어	10	10	10	5	5	5	3	3	3	3	2	0	0	0	0
뜻풀이	5	5	10	5	5	5	3	3	3	3	2	2	2	2	0
약자	3	3	3	3	3	3	3	3	3	3	0	0	0	0	0
한자 쓰기	40	40	40	30	30	30	20	20	20	20	20	10	0	0	0
필순	0	0	0	0	0	0	0	0	3	3	3	3	2	2	2
한문	20	20	0	0	0	0	0	0	0	0	0	0	0	0	0

※쓰기 배정 한자는 한두 급수 아래의 읽기 배정 한자이거나 그 범위 내에 있습니다.
※출제 기준표는 기본 지침 자료로서, 출제자의 의도에 따라 차이가 있을 수 있습니다.

한자능력검정시험 합격 기준

구분	공인급수					교육급수								
	특급·특급Ⅱ	1급	2급	3급	3급Ⅱ	4급	4급Ⅱ	5급	5급Ⅱ	6급	6급Ⅱ	7급	7급Ⅱ	8급
출제문항	200	200	150			100				90	80	70	60	50
합격문항	160	160	105			70				63	56	49	42	35
시험시간	100분	90분	60분			50분								

※특급·특급Ⅱ·1급은 출제 문항의 80% 이상, 2급~8급은 70% 이상 득점하면 합격입니다.

한자능력검정시험에 합격하면 어떤 좋은 점이 있나요?

● 특급~3급Ⅱ를 취득하면 국가 공인 자격증으로서 관련 국가자격을 규정하고 있는 법령에 의하여 국가자격 취득자와 동등한 대우 및 혜택이 주어집니다.
● 대학 입시 수시 모집 및 특기자 전형에 지원이 가능합니다.
● 대학 입시 면접에 가산점 부여 및 졸업 인증, 학점 반영 등 혜택이 주어집니다.
● 기업체의 입사, 승진 등 인사 고과에 반영됩니다.

구성과 특징

자원
한자가 만들어지는 과정을 통해
한자를 기억하는 데 도움을 줍니다.

8급 빨리따기

월 일 확인
이름

日
훈 날 음 일

□ → ⊙ → 日

해의 모양을 본뜬 한자입니다.

日부수(총 4획)

日 日 日 日

그림
한자의 훈(뜻)에
해당하는 개념을
그림으로 표현하여
쉽게 이해하도록
합니다.

✏️ 필순에 따라 빈칸에 日을 쓰고, 훈과 음을 쓰세요.

日	日	日	日	日	日
날 일	날일	날일	날일	날일	날일

쓰기
한자 따라 쓰기,
훈음 쓰기 등의
과정을 통해
한자의 3요소를
완전 학습하도록
합니다.

부수 및 필순
한자의 기본이 되는
부수를 익히고,
한자를 바르게 쓸 수
있도록 필순을
제시하였습니다.

✏️ 日이 쓰인 낱말을 알아보고, 흐린 한자를 필순에 맞게 쓰세요.

과학 기술의 발달로 一 日 (일일) 생활권이 되었습니다.

一日(일일) : 하루.

韓 日 (한일) 친선 경기가 열렸습니다.

韓日(한일) : 한국과 일본.

26

어휘
다른 자와 결합된 한자어를 학습하여
어휘력을 높이도록 하였습니다.

도입

8급 배정한자 50자를 주제별로
분류하여 그림과 함께 소개합니다.

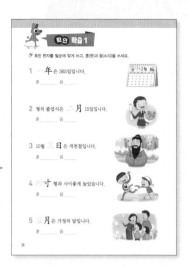

확인 학습

앞서 배운 한자를 문장 속에
적용하여 학습 효과를 높입니다.

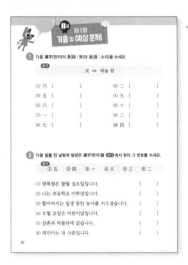

기출 및 예상 문제

시험에 출제되었던 문제와 예상 문제를
통하여 실력을 다집니다.

놀이 마당

앞서 배운 한자를 숨은그림찾기,
길찾기 등 놀이를 통해 학습합니다.

모의 한자능력검정시험

실제 시험 출제 유형과 똑같은 모의 한자
능력검정시험 3회를 통하여 실전 감각을
높일 수 있습니다.

답안지

실제 시험과 똑같은 모양의
답안 작성 연습으로 답안 작성 시
실수를 줄일 수 있습니다.

숫자 익히기

숫자와 관련된 한자입니다.

 一 한 일

 二 두 이

 三 석 삼

 四 넉 사

 五 다섯 오

 六 여섯 륙

 七 일곱 칠

 八 여덟 팔

 九 아홉 구

 十 열 십

월   일   확인

이름

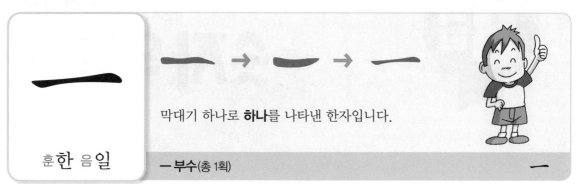

막대기 하나로 **하나**를 나타낸 한자입니다.

훈 **한** 음 **일**

一 **부수**(총 1획)

一

✏️ 필순에 따라 빈칸에 一을 쓰고, 훈과 음을 쓰세요.

一					
한 일	한 일	한 일	한 일	한 일	한 일

✏️ 一이 쓰인 낱말을 알아보고, 흐린 한자를 필순에 맞게 쓰세요.

할아버지는 ☐一 生 (일생) 동안 농사를 지으셨습니다.

一生(일생) : 세상에 태어나서 죽을 때까지의 동안.

☐一 年 (일년)은 365일입니다.

一年(일년) : 한 해.

월   일   확인

이름

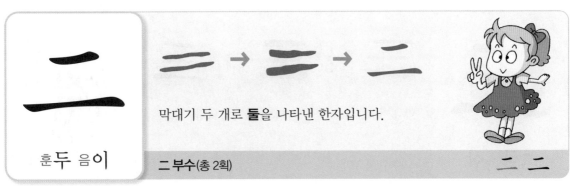

二 → 二 → 二

막대기 두 개로 **둘**을 나타낸 한자입니다.

훈두 음이

二 부수(총 2획)

二 二

🖊 필순에 따라 빈칸에 二를 쓰고, 훈과 음을 쓰세요.

二	二	二	二	二	二
두이	두이	두이	두이	두이	두이

🖊 二가 쓰인 낱말을 알아보고, 흐린 한자를 필순에 맞게 쓰세요.

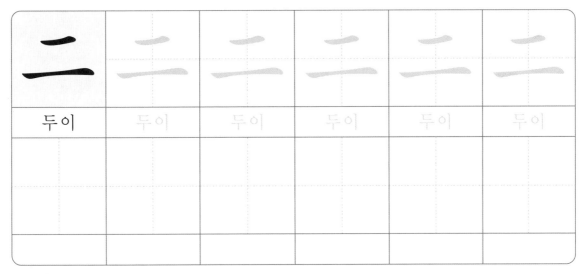

졸업식은 [二] [月] (이월) 십오일입니다.

二月(이월) : 한 해 열두 달 가운데 둘째 달.

우리 선생님은 [二] [十] (이십)년 동안 교직에 몸담으셨습니다.

二十(이십) : 십의 두 배가 되는 수. 스물.

9

월   일   확인

이름

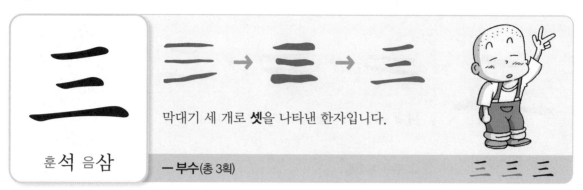

三

三 → 三 → 三

막대기 세 개로 **셋**을 나타낸 한자입니다.

훈석 음삼

一 부수(총 3획)

三 三 三

📌 필순에 따라 빈칸에 三을 쓰고, 훈과 음을 쓰세요.

三	三	三	三	三	三
석 삼	석 삼	석 삼	석 삼	석 삼	석 삼

📌 三이 쓰인 낱말을 알아보고, 흐린 한자를 필순에 맞게 쓰세요.

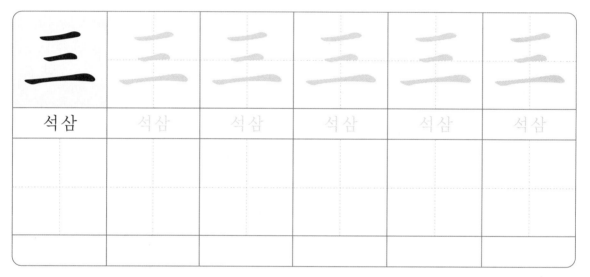

三 月 (삼월)에 본격적인 봄이 시작됩니다.

三月(삼월) : 한 해 열두 달 가운데 셋째 달.

내일 三 寸 (삼촌)이 귀국합니다.

三寸(삼촌) : 아버지의 형제.

월   일   확인

이름

四

훈 넉 음 사

원래 막대 네 개로 표시하였으나 나중에 코에서
숨이 나오는 모양을 본떠 **넷**을 나타낸 한자입니다.

口 부수(총 5획)

四 四 四 四 四

✏️ 필순에 따라 빈칸에 四를 쓰고, 훈과 음을 쓰세요.

四	四	四	四	四	四
넉 사	넉 사	넉 사	넉 사	넉 사	넉 사

✏️ 四가 쓰인 낱말을 알아보고, 흐린 한자를 필순에 맞게 쓰세요.

| 四 | 寸 | (사촌) 형과 놀이터에서 놀았습니다.

四寸(사촌) : 아버지의 친형제자매의 아들이나 딸과의 촌수.

승례문은 서울의 | 四 | 大 | 門 | (사대문) 중 하나입니다.

四大門(사대문) : 조선 시대에, 서울에 있던 네 대문.

11

월   일   확인

이름

훈 **다섯** 음 **오**

五

직선을 교차시킨 모양으로 **다섯**을 나타낸 한자입니다.

二 부수(총 4획)

五 五 五 五

🏷️ 필순에 따라 빈칸에 五를 쓰고, 훈과 음을 쓰세요.

五	五	五	五	五	五
다섯 오	다섯 오	다섯 오	다섯 오	다섯 오	다섯 오

🏷️ 五가 쓰인 낱말을 알아보고, 흐린 한자를 필순에 맞게 쓰세요.

五 月 (오월)은 가정의 달입니다.

五月(오월) : 한 해 열두 달 가운데 다섯째 달.

친구들이 三 三 五 五 (삼삼오오) 모여 이야기합니다.

三三五五(삼삼오오) : 서너 사람 또는 대여섯 사람이 떼를 지어 다니거나 무슨 일을 함.

六

훈 여섯 음 록

양손의 손가락을 세 개씩 펴서 **여섯**을 나타낸 한자입니다.

八 부수 (총 4획)

六 六 六 六

 필순에 따라 빈칸에 六을 쓰고, 훈과 음을 쓰세요.

六	六	六	六	六	六
여섯 룩	여섯 룩	여섯 룩	여섯 룩	여섯 룩	여섯 룩

🖊 六이 쓰인 낱말을 알아보고, 흐린 한자를 필순에 맞게 쓰세요.

우리 형은 　六　 　學　 　年　 (육학년)입니다.

六學年(육학년) : 초등학교에서 가장 높은 학년.

　六　 　月　 (유월) 육일은 현충일입니다.

六月(유월) : 한 해 열두 달 가운데 여섯째 달.

＊六이 한자어의 맨 앞에 올 때는 '육'으로 읽습니다.
＊六이 '六月'로 활용될 때는 '유월'로 읽습니다.

13

월   일

이름

확인

七

훈 일곱 음 칠

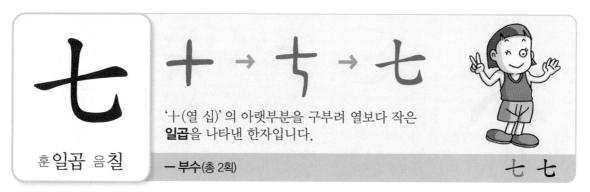

十 → 七 → 七

'十(열 십)'의 아랫부분을 구부려 열보다 작은 **일곱**을 나타낸 한자입니다.

一부수(총 2획)

七 七

📎 필순에 따라 빈칸에 七을 쓰고, 훈과 음을 쓰세요.

七	七	七	七	七	七
일곱 칠	일곱 칠	일곱 칠	일곱 칠	일곱 칠	일곱 칠

📎 七이 쓰인 낱말을 알아보고, 흐린 한자를 필순에 맞게 쓰세요.

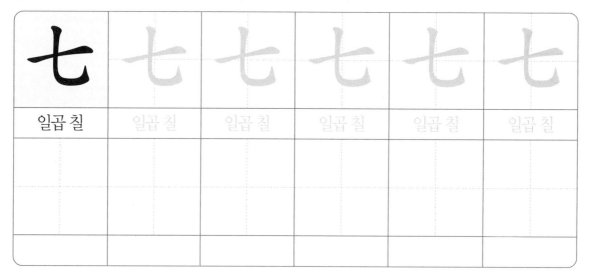

음력 | 七 | 月 | (칠월) 칠일은 견우와 직녀가 만나는 칠석입니다.

七月(칠월) : 한 해 열두 달 가운데 일곱째 달.

일주일은 | 七 | 日 | (칠일)입니다.

七日(칠일) : 한 달의 일곱째 날. 이레.

월   일   확인

이름

훈 **여덟** 음 **팔**

사물이 둘로 나누어진 모양을 본떠 **여덟**을 나타낸 한자입니다.

八 부수(총 2획)

八 八

🖊 필순에 따라 빈칸에 八을 쓰고, 훈과 음을 쓰세요.

八	八	八	八	八	八
여덟 팔	여덟 팔	여덟 팔	여덟 팔	여덟 팔	여덟 팔

🖊 八이 쓰인 낱말을 알아보고, 흐린 한자를 필순에 맞게 쓰세요.

음력 月 (팔월) 십오일은 추석입니다.

八月(팔월) : 한 해 열두 달 가운데 여덟째 달.

七 月 (칠팔월)은 가장 더울 때입니다.

七八月(칠팔월) : 칠월과 팔월. 또는 칠월이나 팔월.

九

훈 **아홉** 음 **구**

九 → 九 → 九

사람의 손과 팔꿈치 모양을 본떠 **아홉**을 나타낸 한자입니다.

乙 부수(총 2획)

九 九

✏️ 필순에 따라 빈칸에 九를 쓰고, 훈과 음을 쓰세요.

九	九	九	九	九	九
아홉 구	아홉 구	아홉 구	아홉 구	아홉 구	아홉 구

✏️ 九가 쓰인 낱말을 알아보고, 흐린 한자를 필순에 맞게 쓰세요.

부모님 결혼기념일은 九 月 (구월) 1일입니다.

九月(구월) : 한 해 열두 달 가운데 아홉째 달.

九 十 (구십) 쪽을 펼쳐 보세요.

九十(구십) : 십의 아홉 배가 되는 수. 아흔.

월   일   확인

이름

훈 **열** 음 **십**

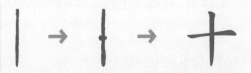

처음에는 하나의 세로선으로 표시하다가,
가로선을 더해 **열**을 나타낸 한자입니다.

十 부수(총 2획)

十 十

🖊 필순에 따라 빈칸에 十을 쓰고, 훈과 음을 쓰세요.

十	十	十	十	十	十
열 십	열 십	열 십	열 십	열 십	열 십

🖊 十이 쓰인 낱말을 알아보고, 흐린 한자를 필순에 맞게 쓰세요.

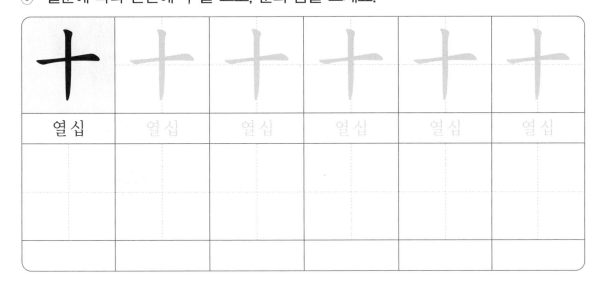

十 月 (시월) 삼일은 개천절입니다.

十月(시월) : 한 해 열두 달 가운데 열째 달.

十 中 八 九 (십중팔구) 영희가 일등할 거야.

十中八九(십중팔구) : 열 가운데 여덟이나 아홉 정도로 거의 대부분이거나 거의 틀림없음.

＊十이 '十月'로 활용될 때는 '시월'로 읽습니다.

확인 학습 1

🖋 흐린 한자를 필순에 맞게 쓰고, 훈(뜻)과 음(소리)을 쓰세요.

1 一 **年** 은 365일입니다.

훈_____ 음_____

2 형의 졸업식은 二 **月** 15일입니다.

훈_____ 음_____

3 10월 三 **日** 은 개천절입니다.

훈_____ 음_____

4 四 **寸** 형과 사이좋게 놀았습니다.

훈_____ 음_____

5 五 **月** 은 가정의 달입니다.

훈_____ 음_____

18

6 내년에 六學年이 됩니다.

훈_____ 음_____

7 음력 七月 칠일은 견우와 직녀가
만나는 칠석입니다.

훈_____ 음_____

8 八月 한가위 보름달이 떴습니다.

훈_____ 음_____

9 부모님의 결혼기념일은 九月입니다.

훈_____ 음_____

10 외국에 나갔던 삼촌이 十年 만에
돌아왔습니다.

훈_____ 음_____

19

1 다음 漢字(한자)의 훈(訓 : 뜻)과 음(音 : 소리)을 쓰세요.

> 보기
>
> 天 ➡ 하늘 천

(1) 六 (   )   (2) 二 (   )

(3) 五 (   )   (4) 九 (   )

(5) 八 (   )   (6) 十 (   )

(7) 一 (   )   (8) 三 (   )

(9) 七 (   )   (10) 四 (   )

2 다음 밑줄 친 낱말에 알맞은 漢字(한자)를 보기 에서 찾아 그 번호를 쓰세요.

> 보기
>
> ① 五   ② 四   ③ 一   ④ 八   ⑤ 三   ⑥ 二

(1) 광복절은 팔월 십오일입니다.   (   )

(2) 나는 초등학교 이학년입니다.   (   )

(3) 할아버지는 일생 동안 농사를 지으셨습니다.   (   )

(4) 오월 오일은 어린이날입니다.   (   )

(5) 삼촌과 박물관에 갔습니다.   (   )

(6) 재민이는 내 사촌입니다.   (   )

3 다음 훈(訓 : 뜻)과 음(음 : 소리)에 알맞은 漢字(한자)를 보기 에서 찾아 그 번호를 쓰세요.

보기
① 四   ② 二   ③ 九   ④ 八   ⑤ 六   ⑥ 五

(1) 넉 사   (   )   (2) 여섯 륙   (   )

(3) 아홉 구   (   )   (4) 두 이   (   )

(5) 다섯 오   (   )   (6) 여덟 팔   (   )

4 다음 (   ) 안에 알맞은 말을 보기 에서 찾아 그 번호를 쓰세요.

보기
① 칠   ② 륙   ③ 열   ④ 일
⑤ 둘   ⑥ 셋   ⑦ 넷   ⑧ 팔

(1) 八은 (   )이라고 읽습니다.

(2) 四는 (   )이라는 뜻입니다.

(3) 一은 (   )이라고 읽습니다.

(4) 七은 (   )이라고 읽습니다.

(5) 十은 (   )이라는 뜻입니다.

(6) 二는 (   )이라는 뜻입니다.

(7) 六은 (   )이라고 읽습니다.

(8) 三은 (   )이라는 뜻입니다.

5 다음 말에 알맞은 漢字(한자)를 보기 에서 찾아 그 번호를 쓰세요.

보기

　　①四　　　　②六　　　　③九　　　　④十

(1) 열　（　　　　　）　　　　(2) 여섯　（　　　　　）

(3) 넷　（　　　　　）　　　　(4) 아홉　（　　　　　）

6 다음 글을 읽고, 밑줄 친 漢字(한자)의 讀音(독음 : 읽는 소리)을 쓰세요.

(1) 八월 (2) 十 (3) 五일은 광복절입니다. 이날은 우리나라가 일본으로부터 독립한 기쁜 날입니다. 올해 (4) 九십 세가 되신 할아버지는 이날의 기쁨을 아직도 생생히 기억하고 계십니다.

(1) 八　（　　　　　）　　　　(2) 十　（　　　　　）

(3) 五　（　　　　　）　　　　(4) 九　（　　　　　）

7 다음 밑줄 친 말에 해당하는 漢字(한자)를 보기 에서 찾아 그 번호를 쓰세요.

보기

　　①一　　　　②四　　　　③六　　　　④七

(1) 내 동생은 여섯 살입니다.　　　　　　　　　　（　　　　　）

(2) 재용이는 날마다 한 시간씩 책을 읽습니다.　（　　　　　）

(3) 우리 집에는 강아지 네 마리를 키우고 있습니다.　（　　　　　）

(4) 일곱 빛깔 무지개가 아름답습니다.　　　　　　（　　　　　）

8 다음 (   ) 안의 漢字(한자)의 讀音(독음 : 읽는 소리)을 쓰세요.

보기

(音) ➡ 음

(1) 일주일은 (七)일입니다.   (   )

(2) 꽃 피는 (三)월이 왔습니다.   (   )

(3) (五)월에는 어린이날, 어버이날이 있습니다.   (   )

(4) 나는 일학년 (四)반입니다.   (   )

9 다음 漢字(한자)의 진하게 표시한 획은 몇 번째 쓰는지 보기 에서 찾아 그 번호를 쓰세요.

보기

① 첫 번째   ② 두 번째   ③ 세 번째   ④ 네 번째
⑤ 다섯 번째   ⑥ 여섯 번째   ⑦ 일곱 번째   ⑧ 여덟 번째
⑨ 아홉 번째   ⑩ 열 번째

(1)  四 (   )   (2) 五 (   )

● 식탁 위에 놓인 간식이 몇 개인지 세어보고, 알맞은 한자를 쓰세요.

8급

한자능력검정시험
자연·요일 익히기

자연·요일과 관련된 한자입니다.

 日 날일

 月 달월

 火 불화

水 물수

 木 나무목

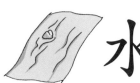 金 쇠금 성김

 土 흙토

 山 메산

월   일   확인

이름

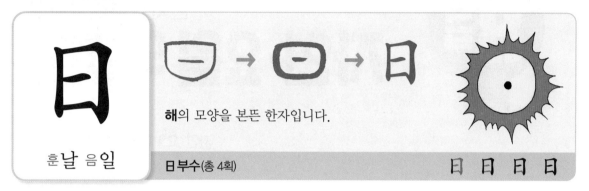

日

훈 날 음 일

해의 모양을 본뜬 한자입니다.

日부수(총 4획)

日 日 日 日

🖊 필순에 따라 빈칸에 日을 쓰고, 훈과 음을 쓰세요.

日	日	日	日	日	日
날일	날일	날일	날일	날일	날일

🖊 日 이 쓰인 낱말을 알아보고, 흐린 한자를 필순에 맞게 쓰세요.

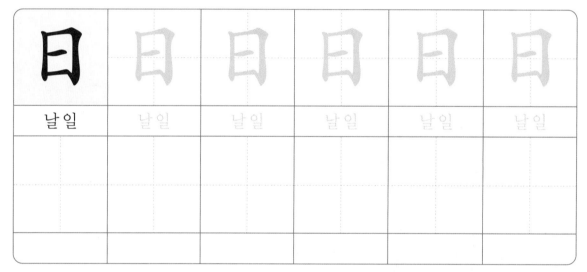

과학 기술의 발달로 ⎡一⎤ ⎡日⎤ (일일) 생활권이 되었습니다.

一日(일일) : 하루.

⎡韓⎤ ⎡日⎤ (한일) 친선 경기가 열렸습니다.

韓日(한일) : 한국과 일본.

8급 빨리따기

월   일   확인

이름

月

훈 달 음 월

$)$ → $)$ → 月

달의 모양을 본뜬 한자입니다.

月 부수 (총 4획)

月 月 月 月

🔹 필순에 따라 빈칸에 月을 쓰고, 훈과 음을 쓰세요.

月	月	月	月	月	月
달 월	달 월	달 월	달 월	달 월	달 월

🔹 月이 쓰인 낱말을 알아보고, 흐린 한자를 필순에 맞게 쓰세요.

三 月 (삼월)에 새 학기가 시작됩니다.

三月(삼월) : 한 해 열두 달 가운데 셋째 달.

月 中 (월중) 행사 계획이 세워졌습니다.

月中(월중) : 그달 동안.

27

월   일   확인

이름

火

훈 **불** 음 **화**

불이 활활 타오르는 모양을 본뜬 한자입니다.

火 부수(총 4획)

火 火 火 火

📌 필순에 따라 빈칸에 火를 쓰고, 훈과 음을 쓰세요.

火	火	火	火	火	火
불화	불화	불화	불화	불화	불화

📌 火가 쓰인 낱말을 알아보고, 흐린 한자를 필순에 맞게 쓰세요.

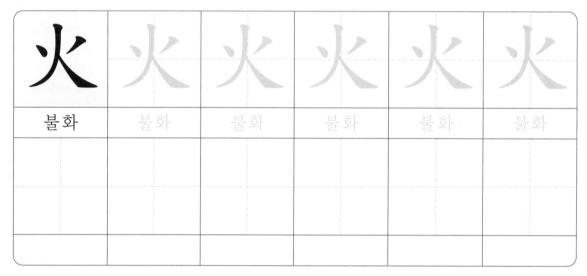

火 山 (화산) 폭발로 많은 피해가 발생했습니다.

火山(화산) : 땅속의 용암이 밖으로 터져 나와 쌓여 이루어진 산.

火 中 (화중) 같은 더위.

火中(화중) : 불속.

水

훈 물 음 수

물이 흘러가는 모습을 본뜬 한자입니다.

水부수(총 4획)

水 水 水 水

📎 필순에 따라 빈칸에 水를 쓰고, 훈과 음을 쓰세요.

水	水	水	水	水	水
물수	물수	물수	물수	물수	물수

📎 水가 쓰인 낱말을 알아보고, 흐린 한자를 필순에 맞게 쓰세요.

조선 水 軍 (수군)이 왜군을 물리쳤습니다.

水軍(수군) : 조선 시대에, 바다에서 국방과 치안을 맡아보던 군대.

과학자들이 水 中 (수중) 탐사를 시작했습니다.

水中(수중) : 물속.

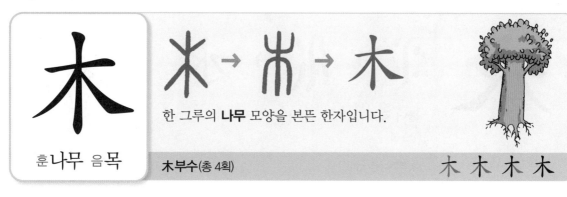

木
훈 나무 음 목

한 그루의 **나무** 모양을 본뜬 한자입니다.

木부수(총 4획)

木 木 木 木

✏️ 필순에 따라 빈칸에 木을 쓰고, 훈과 음을 쓰세요.

木	木	木	木	木	木
나무 목	나무 목	나무 목	나무 목	나무 목	나무 목

✏️ 木이 쓰인 낱말을 알아보고, 흐린 한자를 필순에 맞게 쓰세요.

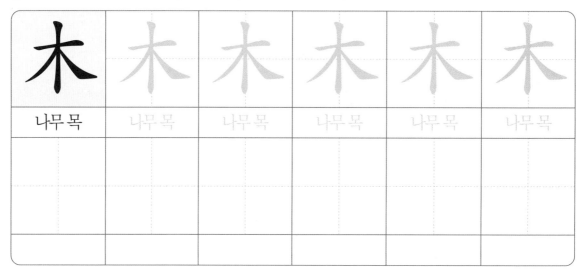

土 木 (토목) 공사가 한창 진행 중입니다.

土木(토목) : ①흙과 나무. ②땅과 하천 따위를 고쳐 만드는 공사.

트럭에 많은 火 木 (화목)이 실려 있습니다.

火木(화목) : 땔감으로 쓸 나무. 땔나무.

월   일   확인

이름

金

훈 쇠/성 음 금/김

金부수(총 8획)

金 金 金 金 金 金 金 金

땅속에 여러 가지 **금속**이 묻혀 있는 모양을 본뜬 한자입니다.

📎 필순에 따라 빈칸에 金을 쓰고, 훈과 음을 쓰세요.

金	金	金	金	金	金
쇠 금/성 김	쇠 금/성 김	쇠 금/성 김	쇠 금/성 김	쇠 금/성 김	쇠 금/성 김

📎 金이 쓰인 낱말을 알아보고, 흐린 한자를 필순에 맞게 쓰세요.

할아버지는 (연금)으로 생활하고 있습니다.

年金(연금) : 국가나 사회에 공로가 있거나 국가 기관에 복무한 사람에게 해마다 주는 돈.

독립운동가인 (김구)는 백범일지를 썼습니다.

金九(김구) : 독립운동가, 정치가. 호는 백범.

31

월   일   확인

이름

훈 **흙** 음 **토**

땅 위에 한 무더기의 **흙**이 쌓여 있는 모습을
본뜬 한자입니다.

土부수(총 3획)

土 土 土

🔖 필순에 따라 빈칸에 土를 쓰고, 훈과 음을 쓰세요.

土	土	土	土	土	土
흙 토	흙 토	흙 토	흙 토	흙 토	흙 토

🔖 土가 쓰인 낱말을 알아보고, 흐린 한자를 필순에 맞게 쓰세요.

적이 거대한   (토산)을 쌓았습니다.

土山(토산) : 대부분 **흙**으로만 이루어진 산.

우리나라의   (국토)는 산지가 많습니다.

國土(국토) : 나라의 땅.

山

훈 메 음 산

山부수(총 3획)

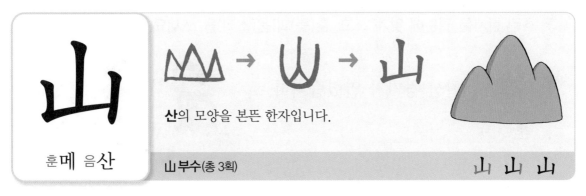

산의 모양을 본뜬 한자입니다.

山 山 山

🖊 필순에 따라 빈칸에 山을 쓰고, 훈과 음을 쓰세요.

山	山	山	山	山	山
메산	메산	메산	메산	메산	메산

🖊 山이 쓰인 낱말을 알아보고, 흐린 한자를 필순에 맞게 쓰세요.

우리나라의 山 水 (산수)는 매우 아름답습니다.

山水(산수) : 산과 물. 경치.

山 中 (산중)에서 길을 잃었습니다.

山中(산중) : 산속.

🖊️ 흐린 한자를 필순에 맞게 쓰고, 훈(뜻)과 음(소리)을 쓰세요.

1 韓日 친선 경기가 열렸습니다.

훈_____ 음_____

2 三月에 새 학기가 시작됩니다.

훈_____ 음_____

3 火山이 폭발했습니다.

훈_____ 음_____

4 바닷속에는 수많은 水中 생물이
있습니다.

훈_____ 음_____

34

5 土木 공사가 진행 중입니다.

훈_____ 음_____

6 金九는 우리나라의 독립을 위해
애쓰셨습니다.

훈_____ 음_____

7 방학 때 國土 대장정에 나섰습니다.

훈_____ 음_____

8 山水가 아름답습니다.

훈_____ 음_____

1 다음 漢字(한자)의 훈(訓 : 뜻)과 음(音 : 소리)을 쓰세요.

보기

天 ➡ 하늘 천

(1) 日 (   )   (2) 土 (   )

(3) 木 (   )   (4) 水 (   )

(5) 金 (   )   (6) 火 (   )

(7) 月 (   )   (8) 山 (   )

2 다음 밑줄 친 낱말에 알맞은 漢字(한자)를 보기 에서 찾아 그 번호를 쓰세요.

보기

① 金   ② 火   ③ 山   ④ 水   ⑤ 日   ⑥ 月

(1) 일일 생활 계획표를 짰습니다.   (   )

(2) 우리나라 산수가 아름답습니다.   (   )

(3) 댐의 수문을 열었습니다.   (   )

(4) 트럭에 화목이 가득 실려 있습니다.   (   )

(5) 할아버지는 연금으로 생활하십니다.   (   )

(6) 오월은 행사가 많은 달입니다.   (   )

3 다음 훈(訓 : 뜻)과 음(音 : 소리)에 알맞은 漢字(한자)를 **보기** 에서 찾아 그 번호를 쓰세요.

> **보기**
> ① 木   ② 土   ③ 山   ④ 月   ⑤ 火   ⑥ 水

(1) 물 수   (   )   (2) 나무 목 (   )

(3) 메 산   (   )   (4) 달 월   (   )

(5) 불 화   (   )   (6) 흙 토   (   )

4 다음 (   ) 안에 알맞은 말을 **보기** 에서 찾아 그 번호를 쓰세요.

> **보기**
> ① 불   ② 물   ③ 산   ④ 달
> ⑤ 흙   ⑥ 일   ⑦ 목   ⑧ 금

(1) 火는 (   )이라는 뜻입니다.

(2) 金은 (   )이라고 읽습니다.

(3) 月은 (   )이라는 뜻입니다.

(4) 山은 (   )이라고 읽습니다.

(5) 土는 (   )이라는 뜻입니다.

(6) 日은 (   )이라고 읽습니다.

(7) 水는 (   )이라는 뜻입니다.

(8) 木은 (   )이라고 읽습니다.

8급 제 2회 기출 및 예상 문제

5 다음 말에 알맞은 漢字(한자)를 보기에서 찾아 그 번호를 쓰세요.

> 보기
> ① 日　　② 火　　③ 水　　④ 月

(1) 물　(　　　　　)　　　　　(2) 달　(　　　　　)

(3) 해　(　　　　　)　　　　　(4) 불　(　　　　　)

6 다음 글을 읽고, 밑줄 친 漢字(한자)의 讀音(독음 : 읽는 소리)을 쓰세요.

> 나는 지난 (1) 土 요 (2) 日에 부모님과 함께 박물관에 갔습니다. 여러 가지 재미있는 것들을 보았습니다. 그중에서 (3) 火 (4) 山이 터지는 장면이 가장 멋졌습니다.

(1) 土　(　　　　　)　　　　　(2) 日　(　　　　　)

(3) 火　(　　　　　)　　　　　(4) 山　(　　　　　)

7 다음 밑줄 친 말에 해당하는 漢字(한자)를 보기에서 찾아 그 번호를 쓰세요.

> 보기
> ① 木　　② 山　　③ 月　　④ 水

(1) 식목일에 나무를 심었습니다.　　　　　　　　　(　　　　　)

(2) 컵에 물이 가득 담겼습니다.　　　　　　　　　(　　　　　)

(3) 아버지와 산에 올랐습니다.　　　　　　　　　(　　　　　)

(4) 밤이 되자 둥근 달이 떠올랐습니다.　　　　　　(　　　　　)

월 일

이름

확인

8 다음 (   ) 안의 漢字(한자)의 讀音(독음 : 읽는 소리)을 쓰세요.

보기

(音) ➡ 음

(1) 아버지는 (木)수입니다. (   )

(2) 오늘은 (火)요일입니다. (   )

(3) 국(土) 종단 걷기 행사에 참여했습니다. (   )

(4) 우리나라에는 국민 연(金) 제도가 있습니다. (   )

9 다음 漢字(한자)의 진하게 표시한 획은 몇 번째 쓰는지 **보기** 에서 찾아 그 번호를 쓰세요.

보기

① 첫 번째 ② 두 번째 ③ 세 번째 ④ 네 번째
⑤ 다섯 번째 ⑥ 여섯 번째 ⑦ 일곱 번째 ⑧ 여덟 번째
⑨ 아홉 번째 ⑩ 열 번째

(1)  (   )

(2)  (   )

● 그림 속 한자를 찾아 쓰고, 훈과 음을 큰소리로 말하세요.

방위·색깔과 관련된 한자입니다.

 東 동녘 동

 西 서녘 서

 南 남녘 남

 北 북녘 북
달아날 배

 靑 푸를 청

 白 흰 백

월   일   확인

이름

東

훈 동녘 음 동

해가 동쪽에서 떠올라 나무 중간에 걸린 모양을 본뜬 한자로, **동쪽**을 나타낸 한자입니다.

木부수(총 8획)

東 東 東 東 東 東 東 東

🔖 필순에 따라 빈칸에 東을 쓰고, 훈과 음을 쓰세요.

東	東	東	東	東	東
동녘 동	동녘 동	동녘 동	동녘 동	동녘 동	동녘 동

🔖 東이 쓰인 낱말을 알아보고, 흐린 한자를 필순에 맞게 쓰세요.

東 山 (동산)에 해가 떠올랐습니다.

東山(동산) : 동쪽에 있는 산.

東 大 門 (동대문)은 우리나라의 보물 제1호입니다.

東大門(동대문) : 흥인지문의 다른 이름. 서울 도성의 동쪽 정문이라는 뜻.

월 일

이름

확인

西

새가 둥지에 깃든 모습을 본뜬 한자로, 해가 서쪽으로 질 때 새가 둥지로 돌아오기 때문에 **서쪽**을 나타낸 한자입니다.

훈 서녘 음 서

襾 부수(총 6획)

西 西 西 西 西 西

필순에 따라 빈칸에 西를 쓰고, 훈과 음을 쓰세요.

西	西	西	西	西	西
서녘 서	서녘 서	서녘 서	서녘 서	서녘 서	서녘 서

西가 쓰인 낱말을 알아보고, 흐린 한자를 필순에 맞게 쓰세요.

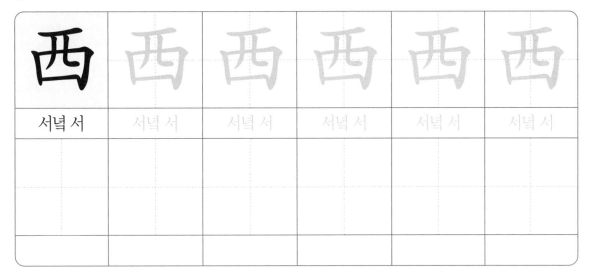

西 山 (서산)으로 해가 지고 있습니다.

西山(서산) : 서쪽에 있는 산.

영동 고속 국도는 우리나라의 東 西 (동서)로 뻗어 있습니다.

東西(동서) : 동쪽과 서쪽. 동양과 서양.

월   일   확인

이름

南
훈 남녘 음 남

肖 → 肖 → 南

옛날에 사용하던 종 모양의 악기를 본뜬 한자로,
남쪽을 나타낸 한자입니다.

十부수(총 9획)   南 南 南 南 南 南 南 南 南

필순에 따라 빈칸에 南을 쓰고, 훈과 음을 쓰세요.

南	南	南	南	南	南
남녘 남	남녘 남	남녘 남	남녘 남	남녘 남	남녘 남

南이 쓰인 낱말을 알아보고, 흐린 한자를 필순에 맞게 쓰세요.

우리나라의 국보 제1호는 　南　大　門　(남대문)입니다.

南大門(남대문) : 숭례문의 다른 이름. 서울 도성의 남쪽 정문이라는 뜻.

南　北　(남북) 통일을 기원하는 행사가 열렸습니다.

南北(남북) : 남쪽과 북쪽.

월   일   확인

이름

훈 북녘
달아날   음 북
배

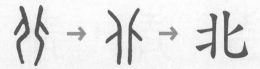

두 사람이 서로 등지고 있는 모습을 본뜬 한자로,
북쪽을 나타낸 한자입니다.

ヒ 부수(총 5획)

北 北 北 北 北

🖊 필순에 따라 빈칸에 北을 쓰고, 훈과 음을 쓰세요.

北	北	北	北	北	北
북녘 북/달아날 배	북녘 북/달아날 배	북녘 북/달아날 배	북녘 북/달아날 배	북녘 북/달아날 배	북녘 북/달아날 배

🖊 北이 쓰인 낱말을 알아보고, 흐린 한자를 필순에 맞게 쓰세요.

백두산은 │北│韓│ (북한)에 있습니다.

北韓(북한) : 남북으로 분단된 대한민국의 휴전선 북쪽 지역을 가리키는 말.

경기가 끝난 후 사람들이 │北│門│ (북문)으로 빠져나갔습니다.

北門(북문) : 북쪽으로 난 문. 성곽의 북쪽에 있는 문.

45

월   일   확인
이름

훈 푸를 음 청

풀과 우물이 있는 모습을 본뜬 한자로,
푸르다를 나타낸 한자입니다.

靑부수(총 8획)

青 青 青 青 青 青 青 青

📀 필순에 따라 빈칸에 靑을 쓰고, 훈과 음을 쓰세요.

靑	青	青	青	青	青
푸를 청	푸를 청	푸를 청	푸를 청	푸를 청	푸를 청

📀 靑이 쓰인 낱말을 알아보고, 흐린 한자를 필순에 맞게 쓰세요.

그는 예의 바르고 성실한 青 年 (청년)입니다.

靑年(청년) : 나이가 20대 정도인 남자.

그는 青 山 (청산)을 벗 삼아 살고 있습니다.

靑山(청산) : 풀과 나무가 무성한 푸른 산.

월   일   확인

이름

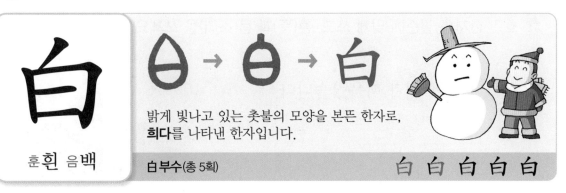

白

훈 **흰** 음 **백**

밝게 빛나고 있는 촛불의 모양을 본뜬 한자로,
희다를 나타낸 한자입니다.

白부수(총 5획)

白 白 白 白 白

🖋 필순에 따라 빈칸에 白을 쓰고, 훈과 음을 쓰세요.

白	白	白	白	白	白
흰 백	흰 백	흰 백	흰 백	흰 백	흰 백

🖋 白이 쓰인 낱말을 알아보고, 흐린 한자를 필순에 맞게 쓰세요.

운동회 때 白 軍 (백군) 대표로 뽑혔습니다.

白軍(백군) : 체육 대회나 운동회 따위의 단체 경기에서, 색깔을 써서 양편을 가를 때 백 쪽의 편.

 人 (백인), 황인, 흑인 등 많은 인종이 있습니다.

白人(백인) : 백색 인종에 속하는 사람.

확인 학습 3

흐린 한자를 필순에 맞게 쓰고, 훈(뜻)과 음(소리)을 쓰세요.

1 東山에 해가 떠올랐습니다.

훈＿＿＿＿ 음＿＿＿

2 西山으로 해가 지고 있습니다.

훈＿＿＿＿ 음＿＿＿

3 우리나라의 국보 제1호는

南大門입니다.

훈＿＿＿＿ 음＿＿＿

4 백두산은 北韓에 있습니다.

훈_____ 음_____

5 그는 장래가 유망한 靑年입니다.

훈_____ 음_____

6 운동회 때 白軍이 되었습니다.

훈_____ 음_____

1 다음 漢字(한자)의 훈(訓 : 뜻)과 음(音 : 소리)을 쓰세요.

> 보기
>
> 天 ➡ 하늘 천

(1) 東 (   )   (2) 西 (   )

(3) 白 (   )   (4) 北 (   )

(5) 靑 (   )   (6) 南 (   )

2 다음 밑줄 친 낱말에 알맞은 漢字(한자)를 보기 에서 찾아 그 번호를 쓰세요.

> 보기
>
> ① 靑   ② 南   ③ 北   ④ 東   ⑤ 白   ⑥ 西

(1) 삼촌은 중동에서 일하고 있습니다.   (   )

(2) 북문으로 난 길을 따라갔습니다.   (   )

(3) 아버지와 남산에 올랐습니다.   (   )

(4) 청년들이 모여 야학을 열었습니다.   (   )

(5) 적이 서문을 열고 들어왔습니다.   (   )

(6) 백군이 이겼습니다.   (   )

3 다음 훈(訓 : 뜻)과 음(音 : 소리)에 알맞은 漢字(한자)를 보기 에서 찾아 그
번호를 쓰세요.

> 보기
> ① 西   ② 北   ③ 東   ④ 白   ⑤ 南   ⑥ 靑

(1) 동녘 동 (   )   (2) 북녘 북 (   )

(3) 푸를 청 (   )   (4) 흰 백   (   )

(5) 서녘 서 (   )   (6) 남녘 남 (   )

4 다음 (   ) 안에 알맞은 말을 보기 에서 찾아 그 번호를 쓰세요.

> 보기
> ① 청   ② 남쪽   ③ 동   ④ 서쪽   ⑤ 백   ⑥ 북쪽

(1) 西는 (   )이라는 뜻입니다.

(2) 靑은 (   )이라고 읽습니다.

(3) 南은 (   )이라는 뜻입니다.

(4) 白은 (   )이라고 읽습니다.

(5) 北은 (   )이라는 뜻입니다.

(6) 東은 (   )이라고 읽습니다.

5 다음 말에 알맞은 漢字(한자)를 보기 에서 찾아 그 번호를 쓰세요.

보기
> ① 靑　　　② 北　　　③ 東　　　④ 西

(1) 동녘　(　　　　　)　　　(2) 푸를　(　　　　　)

(3) 북녘　(　　　　　)　　　(4) 서녘　(　　　　　)

6 다음 글을 읽고, 밑줄 친 漢字(한자)의 讀音(독음 : 읽는 소리)을 쓰세요.

> 우리 마을의 (1) 北쪽에는 커다란 산이 있습니다.
> (2) 東쪽에는 학교가 있고, (3) 西쪽에는 큰 강이 있습니다.
> 그리고 친구 서연이네 집은 마을의 가장 (4) 南쪽에 있습니다.

(1) 北　(　　　　　)　　　(2) 東　(　　　　　)

(3) 西　(　　　　　)　　　(4) 南　(　　　　　)

7 다음 밑줄 친 말에 해당하는 漢字(한자)를 보기 에서 찾아 그 번호를 쓰세요.

보기
> ① 南　　　② 北　　　③ 白　　　④ 東

(1) 흰 눈이 내렸습니다.　　　　　　　　　　(　　　)

(2) 해는 동쪽에서 떠오릅니다.　　　　　　　(　　　)

(3) 제비가 남쪽으로 날아갔습니다.　　　　　(　　　)

(4) 배가 북쪽으로 나아갔습니다.　　　　　　(　　　)

8 다음 (   ) 안의 漢字(한자)의 讀音(독음 : 읽는 소리)을 쓰세요.

⑴ (北)쪽으로 길이 났습니다.   (   )

⑵ 운동회 때 (靑)군이 되었습니다.   (   )

⑶ 우리나라는 (南)북으로 나뉘어져 있습니다.   (   )

⑷ (西)산으로 해가 지고 있습니다.   (   )

9 다음 漢字(한자)의 진하게 표시한 획은 몇 번째 쓰는지 보기 에서 찾아 그 번호를 쓰세요.

보기
① 첫 번째   ② 두 번째   ③ 세 번째   ④ 네 번째
⑤ 다섯 번째   ⑥ 여섯 번째   ⑦ 일곱 번째   ⑧ 여덟 번째
⑨ 아홉 번째   ⑩ 열 번째

⑴  (   )

⑵  (   )

● 아래에 제시한 대로 이동하면 보물을 찾을 수 있습니다. 자, 보물을 찾아 떠나 볼까요?

東으로 4칸 ➡ 南으로 3칸 ➡ 西로 3칸 ➡ 南으로 4칸
➡ 東으로 2칸 ➡ 北으로 2칸 ➡ 東으로 3칸 ➡ 南으로 2칸

 父 아비 부

 母 어미 모

 兄 형 형

 弟 아우 제

 人 사람 인

 女 계집 녀

 寸 마디 촌

 長 긴 장

父

훈 아비 음 부

한 손으로 돌도끼를 잡고 있는 모습을 본뜬 한자로,
일을 하고 있는 **아버지**를 나타낸 한자입니다.

父부수(총 4획)

父 父 父 父

🔖 필순에 따라 빈칸에 父를 쓰고, 훈과 음을 쓰세요.

父	父	父	父	父	父
아비 부	아비 부	아비 부	아비 부	아비 부	아비 부

🔖 父가 쓰인 낱말을 알아보고, 흐린 한자를 필순에 맞게 쓰세요.

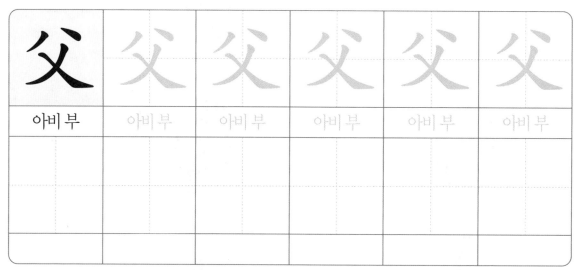

우리 | 父 | 母 | (부모)님은 매우 자상하십니다.

父母(부모) : 아버지와 어머니.

| 父 | 女 | (부녀)가 다정해 보입니다.

父女(부녀) : 아버지와 딸.

월   일   확인

이름

훈 어미 음 모

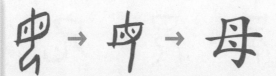

무릎을 꿇고 앉아서 아이에게 젖을 먹이고 있는 **어머니**를 나타낸 한자입니다.

母부수(총 5획)

母 母 母 母 母

📎 필순에 따라 빈칸에 **母**를 쓰고, 훈과 음을 쓰세요.

母	母	母	母	母	母
어미 모	어미 모	어미 모	어미 모	어미 모	어미 모

📎 **母**가 쓰인 낱말을 알아보고, 흐린 한자를 필순에 맞게 쓰세요.

그는 졸업 후 십년 만에 校 (모교)를 방문했습니다.

母校(모교) : 자기가 다니거나 졸업한 학교.

母 女 (모녀)가 매우 닮았습니다.

母女(모녀) : 어머니와 딸.

57

兄

훈 형 음 형

 →  → 兄

동생보다 먼저 걷고 입으로 말하는 사람인
형을 나타낸 한자입니다.

儿 부수(총 5획)

兄 兄 兄 兄 兄

📏 필순에 따라 빈칸에 兄을 쓰고, 훈과 음을 쓰세요.

兄	兄	兄	兄	兄	兄
형 형	형 형	형 형	형 형	형 형	형 형

📏 兄이 쓰인 낱말을 알아보고, 흐린 한자를 필순에 맞게 쓰세요.

우리는 | 三 | 兄 | 弟 | (삼형제)입니다.

三兄弟(삼형제) : 아들이 세 명.

내일 | 學 | 父 | 兄 | (학부형) 모임이 있습니다.

學父兄(학부형) : 학생의 아버지나 형이라는 뜻으로, 학생의 보호자를 이르는 말.

훈 아우 음 제

나무에 새끼줄을 둘러맨 모양을 본뜬 한자로,
아우를 나타낸 한자입니다.

弓부수(총 7획)

弟 弟 弟 弟 弟 弟 弟

📀 필순에 따라 빈칸에 弟를 쓰고, 훈과 음을 쓰세요.

弟	弟	弟	弟	弟	弟
아우 제	아우 제	아우 제	아우 제	아우 제	아우 제

📀 弟가 쓰인 낱말을 알아보고, 흐린 한자를 필순에 맞게 쓰세요.

그 | 兄 | | (형제)는 우애가 넘칩니다.

兄弟(형제) : 형과 아우.

스승의 날 많은 | | 子 | (제자)들이 찾아왔습니다.

弟子(제자) : 스승으로부터 가르침을 받거나 받은 사람.

59

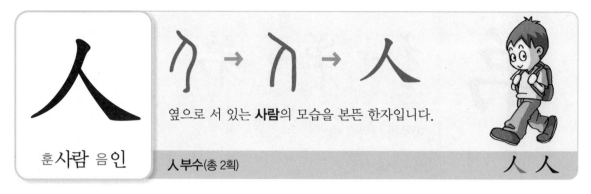

人

훈 **사람** 음 **인**

옆으로 서 있는 **사람**의 모습을 본뜬 한자입니다.

人 부수(총 2획)

人 人

📎 필순에 따라 빈칸에 人을 쓰고, 훈과 음을 쓰세요.

人	人	人	人	人	人
사람 인	사람 인	사람 인	사람 인	사람 인	사람 인

📎 人이 쓰인 낱말을 알아보고, 흐린 한자를 필순에 맞게 쓰세요.

그는 선행으로 萬 人 (만인)에게 칭찬을 받았습니다.

萬人(만인) : 모든 사람.

행복한 人 生 (인생)을 살기 위해 노력해야 합니다.

人生(인생) : 사람이 세상을 살아가는 일.

女

훈**계집** 음**녀**

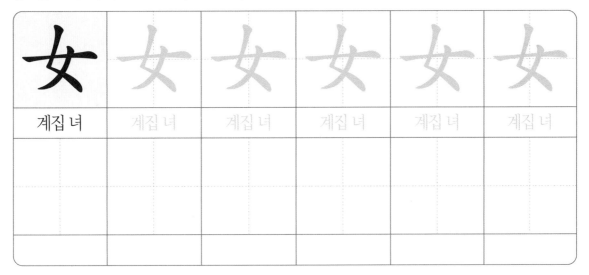
두 손을 모은 채 무릎을 꿇고 앉아 있는 **여자**의 모습을 본뜬 한자입니다.

女부수(총 3획)

女 女 女

🔖 필순에 따라 빈칸에 **女**를 쓰고, 훈과 음을 쓰세요.

女	女	女	女	女	女
계집 녀	계집 녀	계집 녀	계집 녀	계집 녀	계집 녀

🔖 **女**가 쓰인 낱말을 알아보고, 흐린 한자를 필순에 맞게 쓰세요.

우리 학교에 | 女 | 先 | 生 | (여선생)님이 새로 오셨습니다.

女先生(여선생) : 여자 선생.

| 女 | 人 | (여인)이 다소곳이 앉아 있습니다.

女人(여인) : 어른이 된 여자.

＊女가 한자어의 맨 앞에 올 때는 '여'로 읽습니다.

월   일   확인

이름

寸

훈 마디 음 촌

寸부수(총 3획)

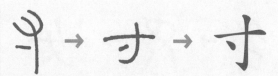

손의 모양을 본뜬 한자로, 손 아랫부분에 점을 찍어
손목 **마디**를 나타낸 한자입니다.

寸 寸 寸

 필순에 따라 빈칸에 寸을 쓰고, 훈과 음을 쓰세요.

寸	寸	寸	寸	寸	寸
마디 촌	마디 촌	마디 촌	마디 촌	마디 촌	마디 촌

 寸이 쓰인 낱말을 알아보고, 흐린 한자를 필순에 맞게 쓰세요.

外 三 寸 (외삼촌)이 용돈을 주셨습니다.

外三寸(외삼촌) : 어머니의 남자 형제.

三 寸 (삼촌)과 박물관에 갔습니다.

三寸(삼촌) : 아버지의 형제.

長
훈 긴 음 장

長 → 晜 → 長

머리카락이 긴 노인의 모습을 본뜬 한자로,
길다를 나타낸 한자입니다.

長부수(총 8획)

長 長 長 長 長 長 長 長

🔖 필순에 따라 빈칸에 長을 쓰고, 훈과 음을 쓰세요.

長	長	長	長	長	長
긴장	긴장	긴장	긴장	긴장	긴장

🔖 長이 쓰인 낱말을 알아보고, 흐린 한자를 필순에 맞게 쓰세요.

그녀는 집안의 長 女 (장녀)입니다.

長女(장녀) : 맏딸.

서해 대교는 그 모습이 長 大 (장대)합니다.

長大(장대) : 길고 큼.

확인 학습 4

흐린 한자를 필순에 맞게 쓰고, 훈(뜻)과 음(소리)을 쓰세요.

1 우리 父母님은 매우 자상하십니다.

훈_____ 음_____

2 그는 자신의 母校에 장학금을
기부했습니다.

훈_____ 음_____

3 學父兄이 되었습니다.

훈_____ 음_____

4 兄弟간의 우애가 두텁습니다.

훈_____ 음_____

5 그는 **萬人**에게 존경받는 사람입니다.

훈_____ 음_____

6 새로 **女先生**님이 오셨습니다.

훈_____ 음_____

7 **外三寸**과 이모가 반갑게 맞아

주셨습니다.

훈_____ 음_____

8 **長女**인 소연이는 동생들을 잘 돌봅니다.

훈_____ 음_____

1 다음 漢字(한자)의 훈(訓 : 뜻)과 음(音 : 소리)을 쓰세요.

보기

天 ➡ 하늘 천

(1) 父 (   )   (2) 兄 (   )

(3) 母 (   )   (4) 長 (   )

(5) 人 (   )   (6) 寸 (   )

(7) 弟 (   )   (8) 女 (   )

2 다음 밑줄 친 낱말에 알맞은 漢字(한자)를 보기 에서 찾아 그 번호를 쓰세요.

보기

① 長   ② 寸   ③ 父   ④ 女   ⑤ 兄   ⑥ 母

(1) 선덕 여왕은 매우 총명한 왕입니다.   (   )

(2) 모녀가 시장에 갔습니다.   (   )

(3) 형제끼리 사이좋게 지냅니다.   (   )

(4) 저녁에 외삼촌이 오셨습니다.   (   )

(5) 거북은 십장생의 하나입니다.   (   )

(6) 부녀가 오순도순 이야기꽃을 피웠습니다.   (   )

3 다음 훈(訓 : 뜻)과 음(音 : 소리)에 알맞은 漢字(한자)를 보기 에서 찾아 그
번호를 쓰세요.

보기
① 父   ② 女   ③ 人   ④ 寸   ⑤ 兄   ⑥ 弟

(1) 마디 촌   (   )   (2) 아우 제   (   )

(3) 사람 인   (   )   (4) 계집 녀   (   )

(5) 아비 부   (   )   (6) 형 형   (   )

4 다음 (   ) 안에 알맞은 말을 보기 에서 찾아 그 번호를 쓰세요.

보기
① 형   ② 녀   ③ 동생   ④ 어머니
⑤ 촌   ⑥ 장   ⑦ 사람   ⑧ 아버지

(1) 父는 (   )라는 뜻입니다.

(2) 兄은 (   )이라고 읽습니다.

(3) 女는 (   )라고 읽습니다.

(4) 弟는 (   )이라는 뜻입니다.

(5) 長은 (   )이라고 읽습니다.

(6) 母는 (   )라는 뜻입니다.

(7) 寸은 (   )이라고 읽습니다.

(8) 人은 (   )이라는 뜻입니다.

8급 제4회 기출 및 예상 문제

5 다음 말에 알맞은 漢字(한자)를 보기에서 찾아 그 번호를 쓰세요.

보기

① 兄 　　 ② 父 　　 ③ 人 　　 ④ 長

(1) 아버지 　(　　　　) 　　 (2) 형 　(　　　　)

(3) 사람 　(　　　　) 　　 (4) 긴 　(　　　　)

6 다음 글을 읽고, 밑줄 친 漢字(한자)의 讀音(독음 : 읽는 소리)을 쓰세요.

> 설날은 우리나라의 큰 명절 중 하나입니다.
> 설날이 되면 ⑴ 父 ⑵ 母님과 함께 시골 할아버지 댁에 갑니다.
> 할아버지 댁에 가면 사 ⑶ 寸 ⑷ 兄들도 만날 수 있습니다.

(1) 父 　(　　　　) 　　 (2) 母 　(　　　　)

(3) 寸 　(　　　　) 　　 (4) 兄 　(　　　　)

7 다음 밑줄 친 말에 해당하는 漢字(한자)를 보기에서 찾아 그 번호를 쓰세요.

보기

① 母 　　 ② 父 　　 ③ 人 　　 ④ 弟

(1) 아버지가 신문을 읽고 계십니다. 　　　　　　(　　　　)

(2) 어머니가 맛있는 음식을 만들어 주셨습니다. 　(　　　　)

(3) 동생과 사이좋게 놀았습니다. 　　　　　　　　(　　　　)

(4) 경기장에 많은 사람이 모였습니다. 　　　　　　(　　　　)

68

8 다음 (   ) 안의 漢字(한자)의 讀音(독음 : 읽는 소리)을 쓰세요.

> 보기
>
> (音) ➡ 음

(1) 그는 (長)남입니다.   (   )

(2) (兄)제가 있는 친구가 부럽습니다.   (   )

(3) 민수와 나는 사(寸)입니다.   (   )

(4) (父)모님께 효도해야 합니다.   (   )

9 다음 漢字(한자)의 진하게 표시한 획은 몇 번째 쓰는지 보기 에서 찾아 그 번호를 쓰세요.

> 보기
>
> ① 첫 번째   ② 두 번째   ③ 세 번째   ④ 네 번째
> ⑤ 다섯 번째   ⑥ 여섯 번째   ⑦ 일곱 번째   ⑧ 여덟 번째
> ⑨ 아홉 번째   ⑩ 열 번째

(1) 父   (   )

(2) 弟   (   )

● 그림에 알맞은 한자를 보기 에서 찾아 쓰세요.

보기

父　　　母　　　兄　　　弟　　　人

사람

人

동생

어머니

아버지

형

학교 익히기

학교와 관련된 한자입니다.

 學 배울 학

 校 학교 교

 教 가르칠 교

 室 집 실

 先 먼저 선

 生 날 생

 門 문 문

 中 가운데 중

월   일   확인

이름

學

훈 배울 음 학

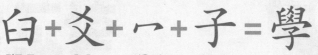

白 + 爻 + 宀 + 子 = 學

절구 구   효 효   덮을 멱   아들 자

건물 안에서 아이들이 공부하는 모습을 본뜬 한자로,
배우다를 나타낸 한자입니다.

子부수(총 16획) 學學學學學學學學學學學學學學學

✏️ 필순에 따라 빈칸에 學을 쓰고, 훈과 음을 쓰세요.

學	學	學	學	學	學
배울 학	배울 학	배울 학	배울 학	배울 학	배울 학

✏️ 學이 쓰인 낱말을 알아보고, 흐린 한자를 필순에 맞게 쓰세요.

어머니, 學 校 (학교) 다녀오겠습니다.

學校(학교) : 교사가 학생에게 교육을 실시하는 기관.

學 生 (학생)은 열심히 공부해야 합니다.

學生(학생) : 학교에 다니면서 공부하는 사람.

72

월   일   확인

이름

훈 학교 음 교

木 + 交 = 校

나무 목   사귈 교

구부러진 나무를 엇갈리게 매어 바로잡는 모습을
본뜬 한자로, **학교**를 나타낸 한자입니다.

木부수 (총 10획)   校 校 校 校 校 校 校 校 校 校

🖊 필순에 따라 빈칸에 校를 쓰고, 훈과 음을 쓰세요.

校	校	校	校	校	校
학교 교	학교 교	학교 교	학교 교	학교 교	학교 교

🖊 校가 쓰인 낱말을 알아보고, 흐린 한자를 필순에 맞게 쓰세요.

아이들이   門 (교문)으로 나오고 있습니다.

校門(교문) : 학교의 문.

우리 학교 長 (교장) 선생님은 매우 인자합니다.

校長(교장) : 대학이나 학원을 제외한 각급 학교의 으뜸 직위. 또는 그 직위에 있는 사람.

월   일   확인

이름

教

훈 가르칠 음 교

爻 + 子 + 攵 = 教

효 효   아들 자   칠 복

선생님이 회초리를 들고 학생을 가르치는 모습을
본뜬 한자로, **가르치다**를 나타낸 한자입니다.

攵(攴)부수(총 11획)   教 教 教 教 教 教 教 教 教 教 教

📌 필순에 따라 빈칸에 教를 쓰고, 훈과 음을 쓰세요.

教	教	教	教	教	教
가르칠 교	가르칠 교	가르칠 교	가르칠 교	가르칠 교	가르칠 교

📌 教가 쓰인 낱말을 알아보고, 흐린 한자를 필순에 맞게 쓰세요.

선생님이   教 室   (교실)로 들어오셨습니다.

教室(교실) : 유치원, 초등학교, 중·고등학교에서 학습 활동이 이루어지는 방.

教 生   (교생) 선생님이 오셨습니다.

教生(교생) : 교과 과정을 이수하기 위하여 일선 학교에 나가 교육 실습을 하는 학생.

월   일   확인

이름

宀 + 至 = 室

집 면   이를 지

사람이 집(宀)에 이르러(至) 휴식을 취하는
방(집)을 나타낸 한자입니다.

훈집 음실

宀 부수(총 9획)

室室室室室室室室室

 필순에 따라 빈칸에 **室**을 쓰고, 훈과 음을 쓰세요.

室	室	室	室	室	室
집 실	집실	집실	집실	집실	집실

室이 쓰인 낱말을 알아보고, 흐린 한자를 필순에 맞게 쓰세요.

室 外 (실외)에서 마음껏 뛰어놀았습니다.

室外(실외) : 방이나 건물 따위의 밖.

王 室 (왕실)의 초대를 받고 궁으로 들어갔습니다.

王室(왕실) : 임금의 집안.

75

先

훈 먼저 음 선

다른 사람 앞에서 가는 것, 즉 **먼저, 앞서다**를 나타낸 한자입니다.

儿 부수(총 6획)

先 先 先 先 先 先

📏 필순에 따라 빈칸에 先을 쓰고, 훈과 음을 쓰세요.

先	先	先	先	先	先
먼저 선	먼저 선	먼저 선	먼저 선	먼저 선	먼저 선

📏 先이 쓰인 낱말을 알아보고, 흐린 한자를 필순에 맞게 쓰세요.

우리 先 生 (선생)님은 학생들에게 인기가 많습니다.

先生(선생) : 학생을 가르치는 사람.

그는 先 王 (선왕)의 총애를 받던 신하입니다.

先王(선왕) : 선대의 임금.

76

훈 날 음 생

새싹이 땅 위로 돋아나서 자라는 모습을 본뜬 한자로,
낳다, 태어나다를 나타낸 한자입니다.

生 부수(총 5획)

生 生 生 生 生

📎 필순에 따라 빈칸에 生을 쓰고, 훈과 음을 쓰세요.

生	生	生	生	生	生
날 생	날 생	날 생	날 생	날 생	날 생

📎 生이 쓰인 낱말을 알아보고, 흐린 한자를 필순에 맞게 쓰세요.

내일은 내 生 日 (생일)입니다.

生日(생일) : 세상에 태어난 날. 또는 태어난 날을 기념하는 해마다의 그날.

가게에서 生 水 (생수)를 한 병 샀습니다.

生水(생수) : 샘구멍에서 솟아 나오는 맑은 물.

門

훈 문 음 문

門 → 門 → 門

두 개의 문짝이 있는 **문**의 모양을 본뜬 한자입니다.

門부수(총 8획)

門 門 門 門 門 門 門 門

📀 필순에 따라 빈칸에 門을 쓰고, 훈과 음을 쓰세요.

門	門	門	門	門	門
문 문	문 문	문 문	문 문	문 문	문 문

📀 門이 쓰인 낱말을 알아보고, 흐린 한자를 필순에 맞게 쓰세요.

大 (대문)이 활짝 열렸습니다.

大門(대문) : 큰 문.

水 (수문)이 열리자 많은 물이 쏟아져 나왔습니다.

水門(수문) : 물의 흐름을 막거나 유량을 조절하기 위하여 설치한 문.

월   일   확인

이름

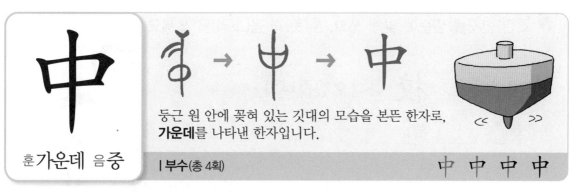

中

훈 가운데 음 중

| 부수(총 4획)

둥근 원 안에 꽂혀 있는 깃대의 모습을 본뜬 한자로, **가운데**를 나타낸 한자입니다.

中 中 中 中

✏️ 필순에 따라 빈칸에 中을 쓰고, 훈과 음을 쓰세요.

中	中	中	中	中	中
가운데 중	가운데 중	가운데 중	가운데 중	가운데 중	가운데 중

✏️ 中이 쓰인 낱말을 알아보고, 흐린 한자를 필순에 맞게 쓰세요.

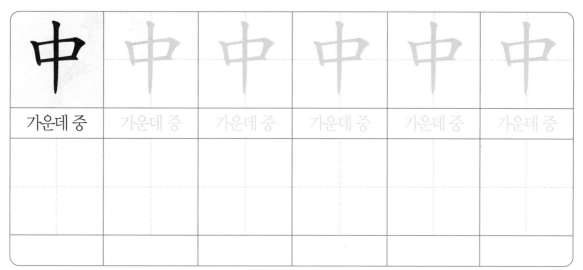

中 國 (중국)은 아시아에서 면적이 가장 넓은 나라입니다.

中國(중국) : 아시아 동부에 있는 나라.

우리 형은 中 學 生 (중학생)입니다.

中學生(중학생) : 중학교에 다니는 학생.

✏️ 흐린 한자를 필순에 맞게 쓰고, 훈(뜻)과 음(소리)을 쓰세요.

1 어머니, 學校 다녀오겠습니다.

훈_____ 음_____

2 우리 校長 선생님은
인자하십니다.

훈_____ 음_____

3 우리 반 敎室은 정리 정돈이
잘되어 있습니다.

훈_____ 음_____

4 室外에서 마음껏 뛰어놀았습니다.

훈_____ 음_____

5 우리 先生님이 최고입니다.

훈＿＿＿＿＿ 음＿＿＿＿

6 내 生日에 많은 친구가 왔습니다.

훈＿＿＿＿＿ 음＿＿＿＿

7 파란 大門이 있는 집이
우리 집입니다.

훈＿＿＿＿＿ 음＿＿＿＿

8 아버지께서 中國 여행을
다녀오셨습니다.

훈＿＿＿＿＿ 음＿＿＿＿

8급 제 5회 기출 및 예상 문제

1 다음 漢字(한자)의 훈(訓 : 뜻)과 음(音 : 소리)을 쓰세요.

> 보기
>
> 天 ➡ 하늘 천

(1) 學 (   )   (2) 敎 (   )

(3) 門 (   )   (4) 室 (   )

(5) 先 (   )   (6) 中 (   )

(7) 校 (   )   (8) 生 (   )

2 다음 밑줄 친 낱말에 알맞은 漢字(한자)를 보기 에서 찾아 그 번호를 쓰세요.

> 보기
>
> ① 室   ② 生   ③ 先   ④ 敎   ⑤ 校   ⑥ 中

(1) 우리 형은 중학교에 다닙니다.   (   )

(2) 교실에서는 조용히 해야 합니다.   (   )

(3) 생일 선물로 장난감을 받았습니다.   (   )

(4) 그는 왕실의 큰 어른입니다.   (   )

(5) 선생님, 안녕하세요?   (   )

(6) 새로 오신 교장 선생님은 열정적이십니다.   (   )

3 다음 훈(訓 : 뜻)과 음(音 : 소리)에 알맞은 漢字(한자)를 보기 에서 찾아 그 번호를 쓰세요.

> 보기
>
> ① 學   ② 教   ③ 先   ④ 門   ⑤ 校   ⑥ 生

(1) 문 문   (   )   (2) 먼저 선 (   )

(3) 학교 교   (   )   (4) 날 생   (   )

(5) 가르칠 교 (   )   (6) 배울 학   (   )

4 다음 (   ) 안에 알맞은 말을 보기 에서 찾아 그 번호를 쓰세요.

> 보기
>
> ① 실   ② 문   ③ 학   ④ 가운데
> ⑤ 선   ⑥ 교   ⑦ 생   ⑧ 가르치다

(1) 教는 (   )라는 뜻입니다.

(2) 生은 (   )이라고 읽습니다.

(3) 校는 (   )라고 읽습니다.

(4) 門은 (   )이라는 뜻입니다.

(5) 先은 (   )이라고 읽습니다.

(6) 中은 (   )라는 뜻입니다.

(7) 學은 (   )이라고 읽습니다.

(8) 室은 (   )이라고 읽습니다.

5 다음 말에 알맞은 漢字(한자)를 〔보기〕에서 찾아 그 번호를 쓰세요.

보기
①室 ②校 ③先 ④教

(1) 먼저 (   )   (2) 가르칠 (   )

(3) 학교 (   )   (4) 집 (   )

6 다음 글을 읽고, 밑줄 친 漢字(한자)의 讀音(독음 : 읽는 소리)을 쓰세요.

정훈이와 민호는 같은 ⑴ 學 ⑵ 校에 다니는 친구입니다.
둘은 등굣길에 ⑶ 先 ⑷ 生님을 만나 반갑게 인사합니다.

(1) 學 (   )   (2) 校 (   )

(3) 先 (   )   (4) 生 (   )

7 다음 밑줄 친 말에 해당하는 漢字(한자)를 〔보기〕에서 찾아 그 번호를 쓰세요.

보기
①學 ②生 ③教 ④先

(1) 귀여운 동생이 <u>태어났습니다</u>.   (   )

(2) 거북이 <u>먼저</u> 결승선에 도착했습니다.   (   )

(3) 누나는 피아노를 <u>배웠습니다</u>.   (   )

(4) 그는 학생들을 <u>가르치는</u> 선생님입니다.   (   )

8 다음 (   ) 안의 漢字(한자)의 讀音(독음 : 읽는 소리)을 쓰세요.

> 보기
>
> (音) ➡ 음

(1) (學)생은 열심히 공부해야 합니다.   (   )

(2) 우리 (敎)실은 깨끗하고 조용합니다.   (   )

(3) (先)생님, 안녕하세요?   (   )

(4) (校)문에 어머니가 마중 나왔습니다.   (   )

9 다음 漢字(한자)의 진하게 표시한 획은 몇 번째 쓰는지 보기 에서 찾아 그 번호를 쓰세요.

> 보기
>
> ① 첫 번째   ② 두 번째   ③ 세 번째   ④ 네 번째
> ⑤ 다섯 번째   ⑥ 여섯 번째   ⑦ 일곱 번째   ⑧ 여덟 번째
> ⑨ 아홉 번째   ⑩ 열 번째

(1) 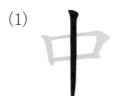   (   )

(2)    (   )

●요정 친구의 꽃밭에 나비가 왔어요. 나비에 있는 한자의 알맞은 뜻, 소리를 쓰세요.

	大 큰 대		韓 한국/나라 한
	民 백성 민		國 나라 국
	軍 군사 군		王 임금 왕
	年 해 년		小 작을 소
	外 바깥 외		萬 일만 만

大

훈 큰 음 대

사람이 두 팔을 벌리고 서 있는 모습을 본뜬 한자로,
크다를 나타낸 한자입니다.

大부수(총 3획)

大 大 大

 필순에 따라 빈칸에 **大**를 쓰고, 훈과 음을 쓰세요.

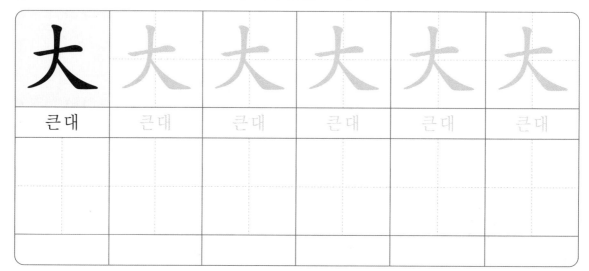

大	大	大	大	大	大
큰대	큰대	큰대	큰대	큰대	큰대

 大가 쓰인 낱말을 알아보고, 흐린 한자를 필순에 맞게 쓰세요.

형이 大 學 (대학)에 다니고 있습니다.

大學(대학) : 고등 교육을 베푸는 교육 기관.

적이 大 軍 (대군)을 이끌고 쳐들어왔습니다.

大軍(대군) : 병사의 수가 많은 군대.

훈 한국/나라 음 한

$$卓 + 韋 = 韓$$

해돋을 간 　　　 에울 위

막 떠오른 아침 해가 제단이 있는 밑을 비추고 있는
모양을 본뜬 한자로, **한국, 나라**를 뜻합니다.

韋 부수(총 17획) 韓韓韓韓韓韓韓韓韓韓韓韓韓韓韓韓韓

✏️ 필순에 따라 빈칸에 韓을 쓰고, 훈과 음을 쓰세요.

韓	韓	韓	韓	韓	韓
한국/나라 한	한국/나라 한	한국/나라 한	한국/나라 한	한국/나라 한	한국/나라 한

✏️ 韓이 쓰인 낱말을 알아보고, 흐린 한자를 필순에 맞게 쓰세요.

大	韓	民	國

(대한민국)의 국기는 태극기입니다.

大韓民國(대한민국) : 아시아 대륙 동쪽에 있는 한반도와 그 부속 도서로 이루어진 공화국.

이 도시에는 **人** (한인)들이 많이 살고 있습니다.

韓人(한인) : 한국인으로서 특히 외국에 나가 살고 있는 사람을 이르는 말.

월   일   확인

이름

民

훈 백성 음 민

甲 → 民 → 民

끝이 뾰족한 무기와 눈의 모양을 본뜬 한자로,
백성을 나타낸 한자입니다.

氏부수(총 5획)

民 民 民 民 民

🔖 필순에 따라 빈칸에 民을 쓰고, 훈과 음을 쓰세요.

民	民	民	民	民	民
백성 민	백성 민	백성 민	백성 민	백성 민	백성 민

🔖 民이 쓰인 낱말을 알아보고, 흐린 한자를 필순에 맞게 쓰세요.

우리나라의 주권은 國   (국민)에게 있습니다.

國民(국민) : 국가를 구성하는 사람. 또는 그 나라의 국적을 가진 사람.

임금은 生 (민생)을 최우선으로 여겼습니다.

民生(민생) : 일반 국민의 생활 및 생계.

國

무기를 가지고 마을을 지키고 있는 모습을 본뜬 한자로, **나라**를 나타낸 한자입니다.

훈 **나라** 음 **국**

□ 부수(총 11획)   國 國 國 國 國 國 國 國 國 國 國

🖊 필순에 따라 빈칸에 國을 쓰고, 훈과 음을 쓰세요.

國	國	國	國	國	國
나라 국	나라 국	나라 국	나라 국	나라 국	나라 국

🖊 國이 쓰인 낱말을 알아보고, 흐린 한자를 필순에 맞게 쓰세요.

우리나라의 많은 제품이 國 外 (국외)로 수출되고 있습니다.

國外(국외) : 한 나라의 영토 밖.

많은 해외 동포가 母 國 (모국)을 방문했습니다.

母國(모국) : 자기가 태어난 나라.

월   일

이름 _____

확인

軍

훈 군사 음 군

전차를 둘러싸고 진을 치고 있는 **군사**를 나타낸 한자입니다.

車부수(총 9획)

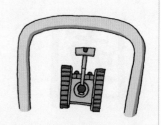

軍 軍 軍 軍 軍 軍 軍 軍 軍

📌 필순에 따라 빈칸에 軍을 쓰고, 훈과 음을 쓰세요.

軍	軍	軍	軍	軍	軍
군사 군	군사 군	군사 군	군사 군	군사 군	군사 군

📌 軍이 쓰인 낱말을 알아보고, 흐린 한자를 필순에 맞게 쓰세요.

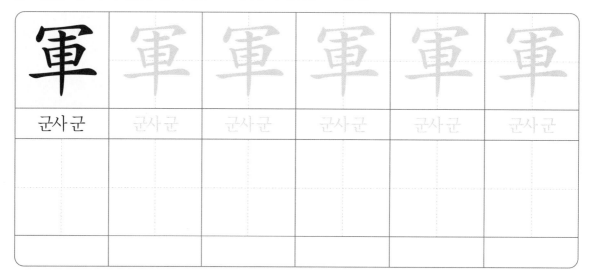

軍 人 (군인) 아저씨께 위문편지를 썼습니다.

軍人(군인) : 군대에서 복무하는 사람.

대한민국의 國 軍 (국군)은 강합니다.

國軍(국군) : 나라 안팎의 적으로부터 나라를 보존하기 위하여 조직한 군대.

훈 **임금** 음 **왕**

힘과 권위의 상징인 커다란 도끼의 모습을 본뜬
한자로, **임금**을 나타낸 한자입니다.

玉부수(총 4획)

王 王 王 王

📌 필순에 따라 빈칸에 王을 쓰고, 훈과 음을 쓰세요.

王	王	王	王	王	王
임금 왕	임금 왕	임금 왕	임금 왕	임금 왕	임금 왕

📌 王이 쓰인 낱말을 알아보고, 흐린 한자를 필순에 맞게 쓰세요.

새 國 王 (국왕)이 즉위하였습니다.

國王(국왕) : 나라의 임금.

한글을 만든 분은 세종 大 王 (대왕)입니다.

大王(대왕) : 훌륭하고 뛰어난 임금을 높여 이르는 말.

월   일

이름

확인

볏단을 짊어지고 가는 사람의 모습을 본뜬 한자로,
한 해, 해를 나타낸 한자입니다.

훈 해 음 년

干부수(총 6획)

年 年 年 年 年 年

📝 필순에 따라 빈칸에 年을 쓰고, 훈과 음을 쓰세요.

年	年	年	年	年	年
해 년	해 년	해 년	해 년	해 년	해 년

📝 年이 쓰인 낱말을 알아보고, 흐린 한자를 필순에 맞게 쓰세요.

여기에 **生** **年** **月** **日** (생년월일)을 적으십시오.

生年月日(생년월일) : 태어난 해와 달과 날.

봄철은 **年** **中** (연중) 일교차가 가장 큰 때입니다.

年中(연중) : 한 해 동안.

＊年이 한자어의 맨 앞에 올 때는 '연'으로 읽습니다.

94

훈 작을 음 소

작은 물건 세 개가 모여 있는 모양을 본뜬 한자로, **작다**를 나타낸 한자입니다.

小부수(총 3획)

🔖 필순에 따라 빈칸에 小를 쓰고, 훈과 음을 쓰세요.

小	小	小	小	小	小
작을 소	작을 소	작을 소	작을 소	작을 소	작을 소

🔖 小가 쓰인 낱말을 알아보고, 흐린 한자를 필순에 맞게 쓰세요.

그는 (대소)를 가리지 않고 마을 일에 열심입니다.

大小(대소) : 크고 작음.

걸리버가   國 (소인국)에 도착했습니다.

小人國(소인국) : 난쟁이들만 살고 있다는 상상의 나라.

外
훈 바깥 음 외

점은 아침에 치는 것이 원칙인데 저녁에 치는 것은
예외적인 일이란 데서, **바깥**을 나타낸 한자입니다.

夕부수(총 5획)

外 外 外 外 外

✏️ 필순에 따라 빈칸에 外를 쓰고, 훈과 음을 쓰세요.

外	外	外	外	外	外
바깥 외	바깥 외	바깥 외	바깥 외	바깥 외	바깥 외

✏️ 外가 쓰인 낱말을 알아보고, 흐린 한자를 필순에 맞게 쓰세요.

친구가 國 (외국)으로 이민을 갔습니다.

外國(외국) : 자기 나라가 아닌 다른 나라.

친구와 室 (실외) 놀이터에서 놀았습니다.

室外(실외) : 방이나 건물 따위의 밖.

96

월   일   확인

이름

萬

훈 일만 음 만

전갈의 모양을 본뜬 한자로, 아주 많은 숫자 **일만**을 나타낸 한자입니다.

艸부수(총 13획) 萬 萬 萬 萬 萬 萬 萬 萬 萬 萬 萬 萬 萬

 필순에 따라 빈칸에 萬을 쓰고, 훈과 음을 쓰세요.

萬	萬	萬	萬	萬	萬
일만 만	일만 만	일만 만	일만 만	일만 만	일만 만

 萬이 쓰인 낱말을 알아보고, 흐린 한자를 필순에 맞게 쓰세요.

법 앞에서는 萬 民 (만민)이 평등합니다.

萬民(만민) : 모든 백성. 또는 모든 사람.

세계 萬 國 (만국) 박람회가 열렸습니다.

萬國(만국) : 세계의 모든 나라.

✎ 흐린 한자를 필순에 맞게 쓰고, 훈(뜻)과 음(소리)을 쓰세요.

1 수십만 大軍이 쳐들어왔습니다.

훈_____ 음_____

2 大韓民國의 국기는 태극기입니다.

훈_____ 음_____

3 國民 모두가 열심히 일했습니다.

훈_____ 음_____

4 해외에 나가면 母國이 그리워집니다.

훈_____ 음_____

5 軍人 아저씨께 위문편지를 썼습니다.

훈_____ 음_____

6 새 **國王**이 즉위하였습니다.

훈＿＿＿＿ 음＿＿＿＿

7 여름철에는 **年中** 비가 많이 내립니다.

훈＿＿＿＿ 음＿＿＿＿

8 걸리버는 **小人國**에 도착했습니다.

훈＿＿＿＿ 음＿＿＿＿

9 **外國**으로 이민 간 친구에게 편지를
썼습니다.

훈＿＿＿＿ 음＿＿＿＿

10 세계 **萬國** 박람회가 열렸습니다.

훈＿＿＿＿ 음＿＿＿＿

1 다음 漢字(한자)의 훈(訓 : 뜻)과 음(音 : 소리)을 쓰세요.

보기

天 ➡ 하늘 천

(1) 大 (   )   (2) 小 (   )

(3) 民 (   )   (4) 外 (   )

(5) 萬 (   )   (6) 王 (   )

(7) 軍 (   )   (8) 年 (   )

(9) 國 (   )   (10) 韓 (   )

2 다음 밑줄 친 낱말에 알맞은 漢字(한자)를 보기 에서 찾아 그 번호를 쓰세요.

보기
① 軍   ② 王   ③ 外   ④ 國   ⑤ 韓   ⑥ 民

(1) 많은 외국인이 제주도를 찾습니다.   (   )

(2) 백성들에게 존경을 받는 훌륭한 국왕입니다.   (   )

(3) 10월 1일은 국군의 날입니다.   (   )

(4) 나는 한국인이라는 자부심이 있습니다.   (   )

(5) 국토 대장정에 올랐습니다.   (   )

(6) 대통령은 민생 안정을 위해 노력해야 합니다.   (   )

3 다음 훈(訓 : 뜻)과 음(音 : 소리)에 알맞은 漢字(한자)를 보기 에서 찾아 그 번호를 쓰세요.

보기
① 大   ② 年   ③ 民   ④ 王   ⑤ 韓   ⑥ 小

(1) 큰 대   (   )   (2) 임금 왕 (   )

(3) 한국/나라 한 (   )   (4) 해 년   (   )

(5) 백성 민   (   )   (6) 작을 소 (   )

4 다음 (   ) 안에 알맞은 말을 보기 에서 찾아 그 번호를 쓰세요.

보기
① 크다   ② 국   ③ 년   ④ 작다
⑤ 일만   ⑥ 한   ⑦ 외   ⑧ 임금

(1) 韓은 (   )이라고 읽습니다.

(2) 王은 (   )이라는 뜻입니다.

(3) 大는 (   )라는 뜻입니다.

(4) 小는 (   )라는 뜻입니다.

(5) 國은 (   )이라고 읽습니다.

(6) 年은 (   )이라고 읽습니다.

(7) 外는 (   )라고 읽습니다.

(8) 萬은 (   )이라는 뜻입니다.

5 다음 말에 알맞은 漢字(한자)를 보기 에서 찾아 그 번호를 쓰세요.

보기
① 國 　　② 外 　　③ 王 　　④ 萬

(1) 나라 　(　　　　) 　　　　(2) 임금 　(　　　　)

(3) 일만 　(　　　　) 　　　　(4) 바깥 　(　　　　)

6 다음 글을 읽고, 밑줄 친 漢字(한자)의 讀音(독음 : 읽는 소리)을 쓰세요.

1988년 (1) 大 (2) 韓 (3) 民 (4) 國 서울에서 제24회 올림픽이 열렸습니
다. 그 올림픽에서 우리나라는 12개의 금메달로 종합 순위 4위를 차지
했습니다.

(1) 大 　(　　　　) 　　　　(2) 韓 　(　　　　)

(3) 民 　(　　　　) 　　　　(4) 國 　(　　　　)

7 다음 밑줄 친 말에 해당하는 漢字(한자)를 보기 에서 찾아 그 번호를 쓰세요.

보기
① 大 　　② 外 　　③ 王 　　④ 民

(1) 마을 입구에는 큰 소나무가 있습니다. 　　　　(　　)

(2) 백성들이 살기 좋은 나라가 좋은 나라입니다. 　　(　　)

(3) 밖에 눈이 내리고 있습니다. 　　　　　　　　(　　)

(4) 세종 대왕은 훌륭한 임금입니다. 　　　　　　(　　)

8 다음 (   ) 안의 漢字(한자)의 讀音(독음 : 읽는 소리)을 쓰세요.

> 보기
>
> (音) ➡ 음

(1) 자기가 태어난 나라를 모(國)이라고 합니다.   (   )

(2) (大)군이 쳐들어왔습니다.   (   )

(3) 삼촌은 씩씩한 (軍)인입니다.   (   )

(4) 국(王)이 하사품을 내렸습니다.   (   )

9 다음 漢字(한자)의 진하게 표시한 획은 몇 번째 쓰는지 보기 에서 찾아 그 번호를 쓰세요.

> 보기
>
> ① 첫 번째   ② 두 번째   ③ 세 번째   ④ 네 번째
> ⑤ 다섯 번째   ⑥ 여섯 번째   ⑦ 일곱 번째   ⑧ 여덟 번째
> ⑨ 아홉 번째   ⑩ 열 번째

(1)  年 (   )   (2) 民 (   )

● 동물 친구들이 들고 있는 한자의 알맞은 뜻과 소리를 바르게 연결하세요.

大		일만		만
王		큰		국
外		임금		외
萬		나라		대
國		바깥		왕

해답

확인 학습 1 18p~19p

1. 한, 일　　　2. 두, 이　　　3. 석, 삼
4. 넉, 사　　　5. 다섯, 오　　6. 여섯, 륙
7. 일곱, 칠　　8. 여덟, 팔　　9. 아홉, 구
10. 열, 십

제1회 기출 및 예상 문제 20p~23p

1. (1) 여섯 륙　(2) 두 이　　(3) 다섯 오
   (4) 아홉 구　(5) 여덟 팔　(6) 열 십
   (7) 한 일　　(8) 석 삼　　(9) 일곱 칠
   ⑩ 넉 사
2. (1) ④　　(2) ⑥　　(3) ③　　(4) ①
   (5) ⑤　　(6) ②
3. (1) ①　　(2) ⑤　　(3) ③　　(4) ②
   (5) ⑥　　(6) ④
4. (1) ⑧　　(2) ⑦　　(3) ④　　(4) ①
   (5) ③　　(6) ⑤　　(7) ②　　(8) ⑥
5. (1) ④　　(2) ②　　(3) ①　　(4) ③
6. (1) 팔　　(2) 십　　(3) 오　　(4) 구
7. (1) ③　　(2) ①　　(3) ②　　(4) ④
8. (1) 칠　　(2) 삼　　(3) 오　　(4) 사
9. (1) ⑤　　(2) ②

놀이 마당 1 24p

확인 학습 2 34p~35p

1. 날, 일　　　2. 달, 월　　　3. 불, 화
4. 물, 수　　　5. 나무, 목　　6. 쇠/성, 금/김
7. 흙, 토　　　8. 메, 산

제2회 기출 및 예상 문제 36p~39p

1. (1) 날 일　　(2) 흙 토　　(3) 나무 목
   (4) 물 수　　(5) 쇠 금/성 김
   (6) 불 화　　(7) 달 월　　(8) 메 산
2. (1) ⑤　　(2) ③　　(3) ④　　(4) ②
   (5) ①　　(6) ⑥
3. (1) ⑥　　(2) ①　　(3) ③　　(4) ④
   (5) ⑤　　(6) ②
4. (1) ①　　(2) ⑧　　(3) ④　　(4) ③
   (5) ⑤　　(6) ⑥　　(7) ②　　(8) ⑦
5. (1) ③　　(2) ④　　(3) ①　　(4) ②
6. (1) 토　　(2) 일　　(3) 화　　(4) 산
7. (1) ①　　(2) ④　　(3) ②　　(4) ③
8. (1) 목　　(2) 화　　(3) 토　　(4) 금
9. (1) ③　　(2) ⑤

놀이 마당 2 40p

제 3회 기출 및 예상 문제 50p~53p

1. (1) 동녘 동   (2) 서녘 서   (3) 흰 백
   (4) 북녘 북/달아날 배
   (5) 푸를 청   (6) 남녘 남
2. (1) ④   (2) ③   (3) ②   (4) ①
   (5) ⑥   (6) ⑤
3. (1) ③   (2) ②   (3) ⑥   (4) ④
   (5) ①   (6) ⑤
4. (1) ④   (2) ①   (3) ②   (4) ⑤
   (5) ⑥   (6) ③
5. (1) ③   (2) ①   (3) ②   (4) ④
6. (1) 북   (2) 동   (3) 서   (4) 남
7. (1) ③   (2) ④   (3) ①   (4) ②
8. (1) 북   (2) 청   (3) 남   (4) 서
9. (1) ⑥   (2) ④

제 4회 기출 및 예상 문제 66p~69p

1. (1) 아비 부   (2) 형 형   (3) 어미 모
   (4) 긴 장   (5) 사람 인   (6) 마디 촌
   (7) 아우 제   (8) 계집 녀
2. (1) ④   (2) ⑥   (3) ⑤   (4) ②
   (5) ①   (6) ③
3. (1) ④   (2) ⑥   (3) ③   (4) ②
   (5) ①   (6) ⑤
4. (1) ⑧   (2) ①   (3) ②   (4) ③
   (5) ⑥   (6) ④   (7) ⑤   (8) ⑦
5. (1) ②   (2) ①   (3) ③   (4) ④
6. (1) 부   (2) 모   (3) 촌   (4) 형
7. (1) ②   (2) ①   (3) ④   (4) ③
8. (1) 장   (2) 형   (3) 촌   (4) 부
9. (1) ③   (2) ⑥

놀이 마당 3 54p

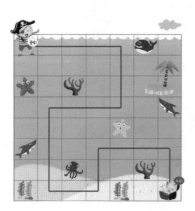

놀이 마당 4 70p

1. 배울, 학　　2. 학교, 교　　3. 가르칠, 교
4. 집, 실　　5. 먼저, 선　　6. 날, 생
7. 문, 문　　8. 가운데, 중

제 5회 기출 및 예상 문제 82p~85p

1. (1) 배울 학　(2) 가르칠 교　(3) 문 문
　(4) 집 실　(5) 먼저 선　(6) 가운데 중
　(7) 학교 교　(8) 날 생
2. (1) ⑥　　(2) ④　　(3) ②　　(4) ①
　(5) ③　　(6) ⑤
3. (1) ④　　(2) ③　　(3) ⑤　　(4) ⑥
　(5) ②　　(6) ①
4. (1) ⑧　　(2) ⑦　　(3) ⑥　　(4) ②
　(5) ⑤　　(6) ④　　(7) ③　　(8) ①
5. (1) ③　　(2) ④　　(3) ②　　(4) ①
6. (1) 학　　(2) 교　　(3) 선　　(4) 생
7. (1) ②　　(2) ④　　(3) ①　　(4) ③
8. (1) 학　　(2) 교　　(3) 선　　(4) 교
9. (1) ④　　(2) ⑤

1. 큰, 대　　2. 한국/나라, 한
3. 백성, 민　　4. 나라, 국　　5. 군사, 군
6. 임금, 왕　　7. 해, 년　　8. 작을, 소
9. 바깥, 외　　10. 일만, 만

제 6회 기출 및 예상 문제 100p~103p

1. (1) 큰 대　　(2) 작을 소　　(3) 백성 민
　(4) 바깥 외　(5) 일만 만　(6) 임금 왕
　(7) 군사 군　(8) 해 년　　(9) 나라 국
　⑽ 한국/나라 한
2. (1) ③　　(2) ②　　(3) ①　　(4) ⑤
　(5) ④　　(6) ⑥
3. (1) ①　　(2) ④　　(3) ⑤　　(4) ②
　(5) ③　　(6) ⑥
4. (1) ⑥　　(2) ⑧　　(3) ①　　(4) ④
　(5) ②　　(6) ⑥　　(7) ⑦　　(8) ⑤
5. (1) ①　　(2) ⑤　　(3) ③　　(4) ②
6. (1) 대　　(2) 한　　(3) 민　　(4) 국
7. (1) ①　　(2) ④　　(3) ②　　(4) ③
8. (1) 국　　(2) 대　　(3) 군　　(4) 왕
9. (1) ⑥　　(2) ③

놀이 마당 5 86p

놀이 마당 6 104p

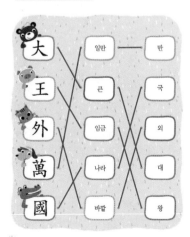

모의 한자능력검정시험 해답

제1회

1. 촌
2. 산
3. 학
4. 동
5. 북
6. 토
7. 부
8. 선
9. 백
10. 실
11. ②
12. ⑨
13. ③
14. ⑧
15. ①
16. ⑤
17. ⑦
18. ⑩
19. ⑥
20. ④
21. ⑩
22. ②
23. ⑦
24. ④
25. ①
26. ⑧
27. ⑤
28. ⑥
29. ③
30. ⑨
31. 남녘 남

32. 가르칠 교
33. 아홉 구
34. 한 일
35. 일만 만
36. 넉 사
37. 서녘 서
38. 날 일
39. 군사 군
40. 여덟 팔
41. ①
42. ③
43. ⑦
44. ②
45. ⑧
46. ④
47. ⑤
48. ⑥
49. ③
50. ④

제2회

1. 부
2. 모
3. 형
4. 제
5. 학
6. 교
7. 선
8. 생
9. 삼
10. 월

11. 일
12. 일
13. 국
14. 민
15. 만
16. ②
17. ⑩
18. ⑪
19. ⑭
20. ①
21. ③
22. ⑬
23. ⑮
24. ⑧
25. ⑦
26. ④
27. ⑨
28. ⑤
29. ⑫
30. ⑥
31. ⑧
32. ②
33. ⑥
34. ⑦
35. ①
36. ⑨
37. ③
38. ④
39. ⑤
40. ⑩
41. 물 수
42. 서녘 서

43. 두 이
44. 계집 녀
45. 넉 사
46. 해 년
47. 흰 백
48. 일곱 칠
49. ④
50. ①

제3회

1. 사
2. 녀
3. 장
4. 금
5. 선
6. 삼
7. 남
8. 교
9. 제
10. 생
11. ①
12. ⑦
13. ⑤
14. ⑨
15. ⑥
16. ④
17. ③
18. ⑧
19. ⑩
20. ②
21. ⑤

22. ⑦
23. ②
24. ⑥
25. ①
26. ⑨
27. ④
28. ③
29. ⑧
30. ⑩
31. 학교 교
32. 군사 군
33. 해 년
34. 여섯 륙
35. 어미 모
36. 백성 민
37. 북녘 북/
    달아날 배
38. 열 십
39. 사람 인
40. 바깥 외
41. ⑥
42. ⑤
43. ⑧
44. ②
45. ①
46. ⑦
47. ③
48. ④
49. ⑦
50. ④